나는 갈 것이다,
소노 디스포니빌레

일러두기

* 본문에 등장하는 주요 인물들의 직위는 당시를 기준으로 표기하였다.
* 표지 사진 ⓒ giulio napolitano/Shutterstock.com

나는 갈 것이다,
소노 디스포니빌레

프란치스코 교황 방북 프로젝트

이백만 지음

추천의 글

프란치스코 교황의 방북 프로젝트가 한 편의 드라마처럼 펼쳐진다. 한반도 평화 프로젝트는 9부 능선에서 아깝게 멈춰 섰지만, 그 자체로 역사다. 교황의 방북에 대한 반론이 있었다. 교황의 순방은 사목적이라야 한다는 논리다. 이에 대해 프란치스코 교황은 "나는 교황이기 이전에 선교사다"라고 답하였다. 순방을 통해 이루어질 미래 교회를 보신 것이다. 북한의 인권 개선이 먼저라는 입장도 있었다. 교황청은 "전쟁이 나면 모든 게 끝이다"라고 답한다.

평화는 꿈꾸는 이들이 품과 정성으로 빚어내는 예술품이다. 우리는 이 책을 통하여 원대한 평화의 꿈에 초대된다. 꿈을 꾸고 그 꿈의 실현을 위해 노력하는 사람은 행복하다.

정제천 신부 전 예수회 한국관구장

이백만 전 주교황청 특명전권대사는 언론인, 노무현 대통령의 홍보수석, 그리고 문재인 정부 외교관이었다. 이 책에서 그는 우리가 쉽게 접하기 어려운, 그러나 늘 신비롭게 느껴지는 교황과 교황청의 외교 세계를 독자들에게 생생하게 전해준다. 특히 한반도 평화 프로세스를 진전시키기 위해 교황의 평양 방문을 성사시키고자 분투했던 그의 노력은 읽는 이의 마음에 깊은 울림을 준다.

한때 우리는 한반도의 평화를 꿈꾸었고, 그 꿈을 실현하기 위해 정성을 다했다. 다시, 주교황청 한국대사관이 한반도 평화를 위해 뛰는 시대가 돌아오기를 바란다.

최종건 연세대 정치외교학과 교수, 전 외교부 1차관

책을 펴내며

바티칸 3년의 기록

기억이 쌓이면 역사가 된다. 과거와 현재와 미래는 기억의 끈으로 이어진다. 기억은 기록으로 완결되어 공유된다. 2018년부터 2020년까지 3년 동안 주교황청 한국 대사를 지냈다. 이 책은 바티칸 3년 동안의 기록이다.

성당 제의실에는 이런 기도문이 있다.

"주님, 오늘 제가 드리는 미사가 저의 첫 미사이고 마지막 미사인 것처럼 봉헌하게 하여 주소서."

첫 미사의 순수함과 마지막 미사의 간절함을 항상 간직하겠다는 사제의 다짐이 기도 속에 담겨 있다. '오늘이 처음이자 마지막'이라는 자세로 바티칸을 출입했다. 결코 낯설지 않았다. 처음 가본 곳이었지만 익숙한 분위기였고, 처음 만난 분들이었지만 따뜻했다.

나는 '점잖은 외교관'이 아니었다. 격식과 예의를 갖추어야 할 때는 확실히 갖추었으나 기존 관행에 얽매이지 않았다. 외교관 신분이었지만, 어느 때는 교황청 출입기자였고, 때로는 평범한 신앙인이었다. 어디든 갔고, 누구든 만났고, 무엇이든 물어보았다. 외교관(대사), 출입기자, 신앙인! 나에게는 3개의 페르소나persona가 공존해 있었다.

주교황청 한국 대사 3년, 프란치스코 교황과 함께 보낸 시간은 드라마티컬했다. 바티칸 3년의 핵심 키워드는 '소노 디스포니빌레sono disponibile'였다! 문재인 대통령이 2018년 10월 18일 바티칸 사도궁에서 프란치스코 교황을 만나 북한 김정은 국무위원장의 방북 초청 의사를 전달하자, 교황은 '소노 디스포니빌레'라는 특별한 선물을 주셨다. '소노 디스포니빌레'는 '나는 갈 것이다', '나는 갈 준비가 되어 있다'로 번역되는 이탈리아 말이다.

아쉽게도 '소노 디스포니빌레'는 2019년 2월 28일 트럼프 대통령(1기)의 '하노이 노 딜 Hanoi No Deal'로 미완의 과제가 되고 말았지만, 2025년 트럼프 대통령(2기)의 백악관 복귀와 함께 한반도 평화 프로세스를 다시 추동하고 있다. '소노 디스포니빌레'가 과거완료형이 아닌 미래진행형으로 다시 우리를 설레게 하고 있는 것이다.

프란치스코 교황은 왜 평양에 가고 싶다 했을까? 그리고 지금도? 그렇다! 교황의 마음은 7년 전과 같다. "소노 디스포니빌레!" 교황은 언제든 평양에 갈 준비가 되어 있다. 교황은 평양과 서울, 평양과 워싱턴에 '평화의 다리'를 놓으려 한다. 과연 교황의 꿈은 실현될 수 있을까? 도널드 트럼프 미국 대통령의 '화려한 복귀'는 그 가능성을 한껏 높여주고 있다.

사랑, 자유, 평등, 평화! 인류가 추구하는 최고의 보편적 가치다. 이 가운데 가장 우선적인 가치는 무엇일까, 곰곰이 생각해본 적이 있다. 상호연관성을 갖고 있어 본질적 가치에 우선순위가 없는 줄 알면서도 구태여 부질없는 질문을 해봤다. 나의 짧은 소견으로는 평화가 아닐까 생각한다. 부활하신 예수님이 제자들을 만나 가장 먼저 던진 말씀은 평화였다. "평화가 너희와 함께!"(요한 20,19) 평화가 없는 상황에서도 사랑은 가능하다. 혹독한 박해 시절에도 사랑이 있었고, 그것은 더없이 순수하고 거룩했다. 그러나 그 사랑은 모진 고통을 수반했다. 처량하고 처연한 사랑이었다. 세상을 지극히 사랑하신 예수님은, 그래서 하느님 백성들이 평화 속에서 서로 사랑하며 살기를 소망했을 것이다.

평화는 우리 삶의 문제다! 동방정책으로 독일 통일의 기초를 마련한 빌리 브란트(1913~1992년) 총리는 말했다.

"평화가 전부는 아니지만 평화가 없으면 아무것도 존재할 수 없다(Peace is not everything, but without peace everything is nothing)."

문재인 대통령은 한반도 평화 프로세스를 추진했고, 프란치스코 교황은 한반도에 '평화의 방주'를 건설하려 했다. 모든 일에는 '때'가 있다. 그러나 인간은 그 '때'를 모른다(코헬 9,12). 하느님의 영역이기 때문이다. '하노이 노 딜'이 있었던 그날, 교황 방북 프로젝트는 멈춰 섰다. 하지만 언젠가 기회가 다시 올 것이다. 준비하고 있어야 한다. 교황 방북이 다시 추진된다면 그 출발선은 2027 가톨릭 세계청년대회[WYD]를 준비하는 지금이 아닐까 생각한다.

바티칸을 떠나온 지 벌써 5년이 지났다. 기억이 조금이라도 더 남아 있을 때 '소노 디스포니빌레'의 배경과 전후 진행 과정을 기록해두고 싶었다. 공직자로서의 의무감에서다. 언론사 특파원이 리포트를 쓰는 자세로, 사관이 실록을 남기는 자세로 바티칸 3년을 기록했다. 교황 방북 프로젝트가 언젠가 다시 추진될 때 바티칸 3년을 기록한 이 책이 중요한 참고 자료가 되었으면 하는 소박한 기대를 해본다.

집필을 마친 후, 책 출간을 앞두고 프란치스코 교황께서 제멜리 병원에 입원하셨다. 매우 어려운 고비가 있었다. 신자들은 기도하고 또 기도했다. 덕분에 교황은 37일 만에 퇴원하여 산타마르타 하우스에 복귀했다.

교황님, 기도합니다! 하루빨리 원기를 회복하시어 사목 활동을 종전처럼 활발하게 펼치시길! 2015년 필라델피아에서 지안나 양에게 보여주었던 기적을 당신 자신에게도 일으키시길! 교황님만이 할 수 있는 일이 아직 많이 남아 있습니다.

2025년 4월

이백만

차례

추천의 글	004
책을 펴내며 바티칸 3년의 기록	006
프롤로그 바티칸에서 평양을 보다	014
'교황청 대사'를 아시나요? ㅣ 뜻밖의 민원 ㅣ 뜻밖의 만남	

PART 1 무엇을 보라 하신 걸까

"와서 보아라!"	033
특임대사의 비공식 미션	036
교황과 독대, 그리고 설 선물	041
긴장했던 미국 관저 만찬	049
로마에서 본 남북정상회담	058
프란치스코 교황, 그는 누구인가	065
'유일무이'의 국가	073
세금 한 푼 없는 '무세 천국'	078
교황의 휴식공간, 바티칸 정원	084

PART 2 로마에 떨어진 암호, '푸른솔'

암호를 받다	093
교황, "점심시간에 만나자!"	098
남북 태권도 합동공연	106
대사관의 다국적 드림팀	114
죽었던 '만찬'이 살아났다!	119
프란치스코 교황의 식탁	124
교황의 공항 영접	128

PART 3 프란치스코 교황의 특별한 선물

베드로 대성전의 '한반도 평화' 특별미사	137
교황청의 '문재인 청문회'	147
대통령 전용기가 묶여버린 사연	158
나보나 광장의 '파스타 번개'	165
서울에서는 벌써 김칫국	169
역대 대통령의 교황 면담	173

PART 4 바티칸과 평양의 밀월

교황청만의 룰	181
협상의 물꼬를 터준 교황	188
교황 방북의 기본 원칙	193
평양의 속셈	202
일본의 긴장, 중국의 관망	207
아, 하노이	214
북한의 가톨릭 현황	222

PART 5 평화의 사도, 교황!

두 명의 프라티칸테 지도자	229
교황 방북의 정치학	237
폰티펙스의 중재 외교	245
한국 현대사 속의 교황	253
교황님, 교황님, 우리 교황님!	262
'진보 가톨릭'의 아이콘, 예수회	271
콘클라베, 그리고 추기경	276

PART 6 '그날'은 온다

다른 길이 있나?	285
트럼프, 이번에는 평양 갈까	292
외교는 상상력이다!	300

에필로그 바티칸 3년의 경이	304
감사의 말 바티칸 3년의 도반	307

프롤로그

바티칸에서 평양을 보다

✦

'교황청 대사'를 아시나요?

주교황청 한국 대사는 국가 공무원일까, 가톨릭 신부일까. 교황청(바티칸)은 세계에서 가장 작은 나라인 데다 종교 국가나 다름없는데, 그곳에 파견된 대사는 과연 무슨 일을 할까. '교황청 대사'에 대해 잘 모르는 사람이 의외로 많다.

교황청 대사 임기를 마치고 귀국했을 때, 몇몇 지인들이 좀 황당한 질문을 했다. "이 대사님, 교황청 대사는 대체 어떤 일을 하는 자리인가요?" 3년 일하고 온 사람에게 이런 무례한(?)

질문을 하다니! "기도하는 자리입니다. 한반도 평화를 위해, 그리고 인류 평화를 위해…" 약속이나 한 듯 동석한 사람들이 껄껄껄 웃었다. 웃음이 멈출 즈음 꼭 이 말을 해주었다. "교황청 대사가 하는 기도, 결코 쉽지 않습니다!"

로마 현지에서 한국 손님들을 접대하는 일이 잦았다. 전현직 국회의원, 중앙부처 장차관, 대학 교수, 언론인 등 주요 오피니언 리더들에게 바티칸 내부 명소와 성지 등을 안내했다. 한번은 국회의원 출신의 현직 장관으로부터 이런 말을 들었다. "대사님, 제가 잠시 착각했네요. 사모님이 성바오로 대성전을 안내해주신다고 하기에…. 사실은 좀 놀랐습니다. 가톨릭 신부는 독신이라고 알고 있었는데, 부인이 있다고 해서 말입니다. 알고 보니 그게 아니었군요." 맙소사! 그분은 교황청 대사가 가톨릭 신부일 거라고 생각한 것이다. 나는 이렇게 대답했다. "저는 외교부 소속 대한민국 공무원입니다. 직책이 주교황청 대사이고요. 한국은 엄격한 정교분리 국가여서 가톨릭 신부는 공무원이 될 수 없습니다."

더 황당한 이야기도 있었다. 로마에서 만난 대학 교수 출신의 지인은 이런 말을 했다. "신학원에 들어가서 신부 안수받고 난 다음, 교황청 대사가 되셨군요." 처음에는 농담인 줄 알았는데 그게 아니었다. 내 학력에 '가톨릭교리신학원 졸업'이 있어 이런 엉뚱한 추측을 한 것이다. 그분은 가톨릭 사제 양성 시스템과 교황청 대사 임명 제도 등을 전혀 모르고 있었다.

종교에 대한 질문도 많이 받았다. "교황청은 온전한 가톨릭 국가인데…. 교황청 대사가 되려면 가톨릭 신자여야 하나요?" 정답은 "아니오"다. 교황청은 180여 개국과 외교 관계를 맺고 있지만, 대사 내정자에게 아그레망(주재국 부임 동의)을 줄 때 종교를 제한하지 않는다. 교황청 주재 대사들의 종교를 살펴보면 무척 다양하다. 아무래도 가톨릭 신자가 가장 많지만 개신교, 정교회, 불교, 이슬람교는 물론이고 무신론자도 있다. 중동 지역 등 이슬람 국가가 파견하는 대사의 종교는 물어볼 것도 없이 이슬람교다. 한국은 전통적으로 가톨릭 신자를 교황청에 파견하고 있다.

이런 질문도 받았다. "교황청은 성격상 '독신 남성'이 주도하는 국가잖아요. 여성 대사도 있나요?" 물론 교황청의 주요 핵심 보직은 독신 남성인 가톨릭 사제들이 맡고 있다. 그러나 이러한 사실은 여성 대사가 일하는 데 아무런 문제가 되지 않는다. 내가 재임하던 시절에는 미국, 영국, 프랑스, 캐나다, 스페인 등 주요 국가의 교황청 대사가 대부분 여성이었다.

정말 많이 들은 질문은 대사의 집무실(대사관)이었다. "주교황청 대사관은 교황청(바티칸) 안에 있나요?" 결론부터 이야기하면 역시 "아니오"다.

글자만 보면 '주駐교황청 대사관'이니 대사 집무실이 당연히 교황청 안에 있어야 할 것이다. 주독일 대사관은 독일에 있고, 주이탈리아 대사관은 이탈리아에 있으니, 같은 이치로 주교황청 대사관도 교황청(바티칸)에 있을 것이라 생각하지만 그렇지 않다. 주교황청 대사관은 이탈리아, 정확히 말하면 교황청 외곽의 로마에 있다. 붕어빵 속에 붕어가 없는 격이다. 주교황청 대사관의 교황청 입주는 교황청 면적이 너무 협소해서 물리적으로 불가능하다.

교황청 대사는 이처럼 좀 특이한 자리다. 국회는 물론이고 중앙부처 내부에서도 그 존재를 모르는 사람이 적지 않다. 교황청 대사를 가톨릭 사제(신부)가 맡는 자리로 알고 있거나, 한국의 추기경이 정부 승인을 받아 파견한 '특별 연락관' 정도로 아는 사람이 꽤 많다. 주교황청 대사관은 영사 업무를 하지 않는 미니 공관(외교관 3명)인 데다 예민한 외교 현안이 거의 없어 특별한 관심을 갖지 않는 한 일반인들은 알기 어려운 자리다. 외교부에서도 교황청 대사는 액세서리 취급을 받기 일쑤다.

주교황청 한국대사관 관저 모습.

뜻밖의 민원

2018년 12월 재외공관장회의가 서울에서 열렸다. 전 세계에서 활동하는 각국 대사와 주요 지역 총영사가 모두 참석하는 중요한 행사였다. 이탈리아 출국을 앞두고 교황청을 찾았다. 출국 인사도 하고 그동안 밀려 있던 현안을 정리하기 위해서였다. 그런데 평소에 없었던 이상한 일이 벌어졌다. 교황청 사제가 '민원'을 부탁하는 것 아닌가! 마치 내가 오기를 기다렸다는 듯이 말이다. 교황청 사제들은 어지간한 일이 아니면 외부 인사에게 민원을 요청하는 법이 없다. 사제로서의 자존심 때문일까, 아니면 난처해할지도 모를 상대방에 대한 배려 때문일까? 부탁할 일이 있어도 이리저리 뜸을 들여가며 스스로 알아서 하도록 유도한다. 이게 교황청의 전통 같았다. 아마도 일반 사제들도 그럴 것이다.

프란치스코 교황의 방북 프로젝트를 관장하고 있던 핵심 인사를 만나 출국 인사를 했다. "연례행사인 공관장회의 참석차 한국에 들어간다. 한동안 로마를 떠나 있으니 알고는 계시라." 그런데 그가 내 말을 듣고 한참 침묵을 하더니 이런 이야기를 하는 게 아닌가. "평양과 직접 소통하고 싶다. 한국 정부에서 창구를 주선해달라." 정말 '뜻밖의 민원'이었다. 이럴 때 하는 말이 '불감청 고소원不敢請 固所願' 아닌가! 당연히 그러겠다고 약속했다.

눈치가 너무 없었나? 앞서 평양 당국과 직접 소통할 때가 되었다는 말을 두 번이나 들었는데도 그냥 지나쳤었다. 프란치스코 교황 방북 추진에 한국 정부와 한국 교회(한국 천주교)는 간여하지 말라는 '경고'를 받은 데다가, 교황청 외교팀의 능력에 대한 신뢰가 있었기 때문이다. 그런데 교황청으로부터 '직통 창구 주선'이라는 민원을 접수한 다음, 곰곰이 생각해봤다. 평양 당국과 직접 소통하겠다는 것은 이미 간접 소통을 할 만큼 했다는 의미 아닌가. 간접 소통의 창구는 주이탈리아 북한대사관과 교황청 산하 국제 자선기관인 산에지디오Sant'Egidio로 알려져 있다.

민원을 부탁했던 그 사제는 알고 보니 한 달 전 식사를 같이 할 때 북한과의 소통에 어려움이 있다고 토로한 바로 그 사람이었다. "주이탈리아 북한 대사가 있을 때는 그분과 이야기하면 되었는데, 지금은 그 자리가 공석이다. 평양과 직접 이야기할 수 있는 방법을 찾고 있다." 한국으로 출장 가는 나에게 부탁을 한 것으로 보아, 교황청이 자체적으로 평양과의 직통 창구 개설을 추진했으나 여의치 않았던 것 같았다.

주이탈리아 북한대사관의 대사 자리는 김춘국 대사가 2012년 2월 지병으로 로마 현지에서 사망한 이후 지금까지 비어 있다. 북한은 2017년 8월 김 대사 후임으로 이탈리아 정부의 아그레망을 받아 문정남 대사를 파견했으나 이탈리아가 사실상 추방해버렸다. 북한의 잇따른 핵실험과 탄도미사일 발사 도발에 대응한 조치였다. 북한은 그 후 대사대리 체제를 유지하고 있다. 대사대리는 공식적인 외교 활동을 하는 데 많은 어려움이 따른다. 주재국의 고위급 인사를 만나기 어렵고, 외교단 공식 행사에서도 다른 대사들이 제대로 상대해주지 않는다. 아무리 비공개·비공식 만남이라 해도 교황청의 고위급 사제가 북한대사관의 대사대리와 소통하는 데는 문제가 있었던 것이다.

청와대를 방문해 정의용 국가안보실장을 만났다. 교황 방북과 관련한 바티칸의 동향을 보고한 다음, 직통 창구를 주선해달라는 교황청의 민원을 전달했다. 정 실장은 반색하면서 그 자리에서 오케이했다.

직통 창구 개설 추진은 바티칸이 평양에 보내는 '중요한 신호'였다. 프란치스코 교황의 방북 프로젝트가 상당한 수준에 도달했음을 직감했다.

주교황청 한국대사관의 태극기와 교황청기.

뜻밖의 만남

교황청 대사로 일한 지 1년이 막 넘어가던 2019년, 친하게 지내던 분이 중요한 정보를 귀띔해주었다. 정말이지 귀가 번쩍 뜨이는 내용이었다. "교황청 행사에 북한 외교관이 참석할 것 같은데… 관심이 있으시면 와보세요." 무슨 말씀! 만사 제쳐놓고 가야지!

2019년 2월 9일 토요일 저녁, 로마 라테라노 대성전에서 산에지디오 창립 51주년 기념미사와 리셉션이 진행되었다. 교황청 고위 사제와 외교단, 후원자와 자원봉사자, 일반 신자 등 참석 예상 인원이 1,000여 명에 달하는 대규모 종교 행사였다. 더구나 라테라노 대성전은 바티칸에서 멀리 떨어져 있지만 법적으로는 교황청의 영토 아닌가. 이런 곳에서 열리는 종교 행사에 주이탈리아 북한대사관의 고위 외교관이 참석한다는 정보였다. 시쳇말로 대박이었다, 대박!

마음의 준비를 단단히 했다. 북한 외교관을 만났을 때 어떻게 해야 하는지 전문가들에게 자문을 구했고, 분위기를 부드럽게 바꿀 수 있는 대화법도 고민했다. 라테라노 대성전이 어떤 곳인지 그들은 알고 있을까? 로마제국 시대 때 그리스도교는 엄청난 박해를 받았다. 십자가형은 다반사였고 원형경기장에서 굶주린 사자에게 내던져지는 맹수형猛獸刑도 많았다. 순교자가 수만 명에 달할 정도였다. 로마는 그야말로 순교의 도시였다. 그러나 콘스탄티누스 대제는 종교의 자유를 허용했다. 정치적 계산이 깔려 있었지만 밀라노칙령(313년)은 새로운 시대의 막을 올렸고, 지하에서 활동하던 그리스도교 신자들은 광명을 찾았다. 라테라노 대성전은 콘스탄티누스 대제가 밀라노칙령을 기념하여 세운 성당으로 무려 1,700여 년의 역사를 지닌, 로마에서 가장 오래된 성당이다. 교황청 본부가 현재의 바티칸으로 옮겨 가기 전에는 이곳에 있었다.

미국은 세컨더리 보이콧secondary boycott으로 북한에 대한 인도주의적인 지원도 강력하게 제한했지만, 산에지디오는 북한과의 관계를 꾸준히 유지하고 있었다. 2018년 12월 초순 마르코 임팔리아조Marco Impagliazzo 회장 등 산에지디오 임직원들이 북한을 방문했다. 한반도에는 이미 훈풍이 불고 있었다. 세 차례의 남북정상회담(문재인-김정은)과 1차 북미정상회담(트럼프-김정은)이 성공적으로 열렸고, 2차 북미정상회담(베트남 하노이)이 예정되어 있었다. 한반도 평화 프로세스가 순풍에 돛단배처럼 순항하고 있었다.

그래도 그렇지, 라테라노 대성전이 어떤 곳인데 북한의 고위 외교관이 온단 말인가. 더구나 불과 3개월 전 주이탈리아 북한대사관의 조성길 대사대리 부부가 잠적(망명)한 사건이 발생하여 북한대사관이 쑥대밭이 되어 있는 상황인데, 조성길의 후임자가 종교 행사에 참석한다는 게 믿기지 않았다. 후임자는 부임한 지 며칠 되지도 않은 상황이었다. 과연 오기는 할까? 참석하기로 했다가 마음이 바뀌지는 않을까? 의심도 했다가, 기대도 했다가 종잡을 수 없는 마음이 되어버렸다. 예정대로 온다면 정말 대사건이었다! 궁금증과 호기심이 해일처럼 밀려왔다. 솔직히 북한 외교관 얼굴이라도 한번 보고 싶은 마음이 굴뚝같았다.

대사관 차석인 권혁운 공사 그리고 아내와 함께 셋이서 행사장에 갔다. 먼저 대성전 1층 홀에서 열리는 미사에 참석했다. 아무리 둘러봐도 북한 외교관으로 보이는 사람은 없었다. 동양인은 우리 일행뿐이었다. 아, 오지 않았구나! 실망했다. 그러나 단념할 상황은 아니었다. 외무고시 출신으로 현장 경험이 많은 권 공사의 촉이 대단했다. "대사님, 그 친구들 리셉션장에는 왔을지도 모릅니다. 한번 가보시지요." 우리는 곧바로 2층 리셉션장으로 올라갔다. 방이 여러 개 연결된 대규모 연회장이었다. 올라가자마자 사방을 두리번거리며 동양인을 찾았다. 그러다가 한순간 '아~' 하며 속으로 탄성을 질렀다. 중앙홀 한가운데에 영락없이 북한 사람으로 보이는 건장한 체격의 남성 두 명이 떡하니 서 있는 게 아닌가! 마치 우리 일행을 기다리고 있었던 것처럼. 왼쪽 가슴에 김일성·김정일 배지를 달고 있는 걸 보니 북한 외교관이 확실했다.

우리는 조심스럽게 다가가 인사를 건넸다. 내가 먼저 악수를 청하자 그들은 당황한 기색을 보이며 머뭇거렸다. 이런 상황을 전혀 예상하지 못한 듯싶었다. 일순간 긴장감이 감돌았지만 곧 풀렸고, 우리는 서로 통성명을 했다. 조성길 후임 김천 대사대리와 박명길 서기관이었다. 명함을 주었더니 찬찬히 들여다보기만 할 뿐 자신들의 명함은 건네지 않았다. 명함 한 장 달라고 하자 준비하지 못했다면서 미안하다고 했다. 그들에게 명함을 받았다면 뜻깊게 간직하고 싶었는데 아쉬웠다.

한반도의 훈훈한 분위기가 반영된 탓이었을까? 남북의 외교관이 10분 가까이 화기애애하게 이야기를 나누었다. 로마 생활이 어떤지, 로마에 온 지 얼마나 되었는지, 2차 북미정상회담에 대한 전망은 어떤지 등을 물으며 대화를 이어나갔다. 분위기가 무르익었을 때 넌지시 물었다. "미사에는 왜 참석하지 않았습니까?" 김 대사대리가 웃으면서 답했다. "우리는 종교 사업에 관심 없습네다!" 임팔리아조 회장이 '남북 대화'

에 참여했다. "두 분을 우리 사무실로 모시고 싶습니다. 식사한번 같이 합시다." 이 또한 '불감청 고소원'이었다. 임팔리아조 회장은 한술 더 떴다. "산에지디오 사무실이 '로마의 판문점'이 되었으면 좋겠습니다!" 최고의 덕담이었다. 남북한 일행 모두 웃음으로 화답했다.

'뜻밖의 만남'이었다. 로마에서 이런 일이 벌어지다니! 잠시 꿈을 꾼 것 같기도 했다. 행사를 마치고 귀가하는 자동차 안에서 권 공사가 한마디했다. "대사님, 오늘 같은 날은 아주 드뭅니다. 북한 친구들, 이렇게 만나기도 어렵지만, 만나도 대화는커녕 잘 웃지도 않아요. 그런데 오늘 엄청 웃더군요. 진귀한 장면이었습니다."

북한 외교관과의 조우를 청와대와 외교부 본부에 상세히 보고했다. 그리고 베테랑 외교관 친구에게 이날의 사건(?)에 대해 물어봤다. 그는 놀라운 해석을 해주었다.

"북한 외교관이 공식적인 종교 행사에 공개적으로 참석하는 사례는 거의 없다. 내가 외교관 생활을 하면서 한 번도 보지 못한 일이고, 그런 이야기를 들어본 적도 없다. 주체사상을 신봉하는 북한에는 종교의 자유가 없기 때문에 평양 당국의 하명 없이 북한 외교관이 교황청 종교 행사에 참석한다는 것은 불가능한 일이다. 평양이 바티칸에 보내는 '중요한 신호'로 봐야 한다."

이 지인의 판단은 정확했다. 그 무렵 바티칸과 평양 양측 모두 긍정적인 신호를 경쟁적으로 보내고 있었다. 나름대로의 판단이 섰다. 그동안 입수한 각종 정보와 여러 정황을 종합적으로 고려할 때 교황 방북 프로젝트가 9부 능선을 넘었구나, 곧 프란치스코 교황의 방북이 성사되겠구나, 하는 생각을 하게 되었다.

이백만 대사(오른쪽에서 두 번째)가 북한 외교관들과 환담하는 모습. 가운데는 임팔리아조 산에지디오 회장이다.

Sara Dispanmifile

PART 1

무엇을 보라 하신 걸까

"와서 보아라!"

2018년 1월 14일 일요일, 문재인 대통령의 신임장을 들고 로마행 아시아나 비행기에 탑승했다. 눈 덮인 에베레스트산을 처음 등정하는 초보 산악인 같은 심정이었다. 무념무상. 어떤 감흥도 없었다. 초보 산악인의 심정은 어떨까. 끝내 정상에 올라 보겠다는 결기뿐이겠지! 그리고 자신이 믿는 절대자에게 간절히 기도하겠지. 온 천지가 눈으로 덮여 있으니 눈 밑에 무엇이 있는지 알 수 없고, 한 발짝이라도 잘못 디디면 천 길 낭떠러지로 떨어질 수 있다. 무슨 감흥이 있겠는가. 정상 정복에 대한 환희는 하산 후의 일이지 않은가.

특임대사인 나에게 주어진 미션 '프란치스코 교황 방북 프로젝트'는 에베레스트산 등정에 나선 초보 산악인의 정상

도전과 같았다. 철저한 준비와 간절한 기도 없이는 결코 완수할 수 없는 임무였다.

비행기는 천상을 날고 있었다. 편안한 비즈니스석에 앉았지만, 몸은 천근만근 무거웠고, 머리는 멍해지면서 아무 생각도 나지 않았다. 2008년 봄 히말라야 트레킹을 갔을 때 밤하늘 가득 떠 있던 보름달을 보며 느꼈던 장엄한 고요, 내 힘으로는 어찌할 수 없는 거룩한 그 무엇이 온몸을 감싸고 돌았다. 이럴 때는 기도를 해야 한다. 오늘의 성구聖句가 뭐지?《매일미사》1월호를 꺼내 들었다. 2018년 1월 14일 일요일의 복음 말씀 주제어는 "와서 보아라"(요한 1,39)였다. 그날따라 복음 말씀이 예사롭지 않게 다가왔다.

로마행 비행기에서 마주한 성구는 '예수 그리스도의 대리'이신 프란치스코 교황이 이렇게 말씀하시는 듯했다. "이백만 요셉, 뭘 그리 고민하시나. 일단 로마에 와서 보면 될 것이야!" 일단 와서 보라니! 마치 나의 마음을 꿰뚫어 보며 하시는 말씀 같았다. 참 기막힌 성구였다. 로마에 가면 도대체 뭘 보여주시려고 이런 복음을 던져주신 걸까. 주교황청 대사 재임 기간 3년 내내 이 복음 말씀은 내 머리를 떠나지 않았다.

로마 레오나르도다빈치 국제공항에 내렸을 때 정신이 확 들었다. 주교황청 한국대사관의 박수덕 공사와 교황청 외교부의 카오 민 둥Cao Minh Dung 몬시뇰*이 공항에 나와, '로마 입성'을 환영해주었다. 카오 몬시뇰의 마중은 주재국 외교부가 신임 대사의 입국을 환영해주는 의례적인 외교 의전이다. 주교황청 대사가 되었다는 사실을 새삼 실감할 수 있었다.

---

* 교황이 임명한 특권사제에게 붙는 명칭.

특임대사의 비공식 미션

출국에 앞서, 2018년 1월 8일 청와대에서 문재인 대통령으로부터 신임장을 받았다. 그리고 가장 먼저 명함을 만들었다. 앞면에는 한글로 '주교황청 대한민국 대사관 이백만 대사', 뒷면에는 같은 내용을 이탈리아어로 적었다. 'Ambasciata della Repubblica di Corea presso la Santa Sede Baek Man Lee Ambasciatore.' 문재인 대통령의 특명전권대사로서 외교관 활동을 이렇게 시작했다. 난생처음 해보는 일이었다. 과연 잘할 수 있을까 하는 두려움과 더 어려운 공직 생활도 이겨냈는데 이걸 못 하겠어 하는 자신감이 교차했다. 떨리기도 했고 설레기도 했다.

나는 직업 외교관 출신이 아니다. 특임대사 케이스로 외교관이 되었다. 특임의 의미가 무엇일까. 대통령이 특별히 임명해서일까, 아니면 특별한 임무를 수행해야 해서일까? 한국을 떠나기 전 주교황청 대사 명함을 들고, 청와대와 외교부 관계자들을 두루 만나 출국 인사를 하면서 특임대사의 역할에 대한 자문을 구했지만, 어느 누구에게도 속시원한 답변을 듣지 못했다. 도대체 로마에 가서 무슨 일을 하라는 거지? 점점 더 머릿속이 복잡해졌다.

트럼프와 김정은, 핵 단추 '말 전쟁'

종교 지도자, 언론인, 대학교수, 정치인 등 오피니언 리더들을 만났을 때는 하는 말들이 달랐다. "한반도 상황이 심상치 않잖아요. 프란치스코 교황님의 방북이 꼭 성사되도록 해주세요. 이 대사님이 최고 적임자입니다!" 덕담이긴 했지만 예사로운 말이 아니었다. 몇몇 분들은 한반도 핵전쟁 위기론과 프란치스코 교황의 방북 필요성에 대해 논리정연하게 말해주면서 장도를 축하해주기도 했다. 주교황청 대사로 내정되었다는 연락을 받았을 때 눈치를 채기는 했지만, 오피니언 리더들의 이야기를 들어보니 감이 확실하게 왔다.

아, 그거였구나! 그러면 그렇지! 나에게 주어진 특별한 임무는 프란치스코 교황의 방북 추진이었다. 대통령 신임장을 들고 로마로 갈 때는 교황 방북 프로젝트가 '비공식 미션'이었지만 '공식 미션'이 되기까지는 몇 개월 걸리지 않았다. 문재인 대통령의 프란치스코 교황 면담을 추진할 때 핵심적인 의제가 바로 교황 방북 추진이었다.

엄청난 무게감이 밀려왔다. 교황이 어떤 분인데, 일개 대사가 방북을 추진? 솔직히 엄두가 나질 않았다. 외교 경험이 풍부한 것도 아니고, 바티칸에 인적 네트워크를 갖추고 있는 것도 아니고, 어디서부터 뭘 어떻게 시작해야 할지 눈앞이 캄캄했다.

2018년 1월 한반도 상황은 최악의 국면으로 치닫고 있었다. 북한의 6차 핵실험(2017년 9월)을 계기로 도널드 트럼프 미국 대통령이 '화염과 분노 fire and fury' 운운하며 핵 공격을 암시했고, 북한 김정은 국무위원장은 2018년 1월 1일 신년사에서 "내 책상 위에 핵 단추가 있다"고 응수했다. 트럼프 대통령은 이에 뒤질세라 김 위원장 발언 하루 뒤 "나에게는 김정은보다 더 크고 강력한 핵 단추가 있다"고 되받아쳤다. 한반도에서 핵전쟁? 새해 벽두 한반도에는 전운이 감돌았다. 5,000만 한국 국민의 안위, 평창동계올림픽(2018년 2월)은 그들의 안중에 없어 보였다.

전쟁 일보 직전까지 갔던 1994년의 북핵 위기가 떠올랐다. 하버드대학교 케네디스쿨은 1995년 특별 보고서를 발간, 한반도 핵 위기의 전말을 실감 나게 전했다. 골자는 미국이 북한의 영변 핵 시설 파괴를 결정하고 군사작전에 돌입한다는 내용이었다. 그것은 분명 전쟁이었다! 클린턴 대통령의 결정은 '고려'나 '준비' 단계가 아니라 '착수' 단계였다. "전쟁 준비는 착착 진행되고 있었다. 6월 16일 클린턴 대통령, 고어 부통령, 크리스토퍼 국무장관, 갈루치 핵 대사 등이 참석한 백악관회의에서 국방장관 페리와 주한미군사령관 게리 럭은 1만 명의 미군 병력을 추가로 한국에 투입할 계획을 설명했다."* 영변 폭격은 클린턴 대통령의 최종 명령만 남겨두고 있었다. 만약 미국이 북한을 때렸다면, 북한이 그냥 맞고만 있었을까? 남한의 수도 서울이 불바다가 될 수도 있는 상황이었다. 군인들은 물론이고 수십만 명의 민간인 희생이 우려되는 시나리오였다.

프란치스코 교황의 역할은?

퇴임 후 평화운동을 펼치고 있던 지미 카터 대통령이 발 벗고 나섰다. 클린턴 대통령의 정치적 대부로 알려진 그가 대

---

* 하버드대학교 케네디스쿨, 《한반도 운명에 관한 보고서》, 서재경 옮김, 김영사, 1998, 132쪽.

통령 특사 자격으로 평양을 전격 방문, 김일성을 만난 것이다. 그렇게 카터는 1994년의 한반도 핵 위기 수습에 결정적인 기여를 했다. 2018년의 한반도 핵 위기는? 세상 사람들의 시선은 '평화의 사도' 프란치스코 교황에게 쏠렸다. 프란치스코 교황은 2014년 한국을 방문하여 온 국민에게 친근한 이미지를 심어준 데다, 2015년 미국과 쿠바의 국교 정상화에 결정적인 기여를 했다. 자연스럽게 교황 방북이 거론될 수밖에 없었다.

외교 경험이 없는 특임대사에게 교황 방북 프로젝트 추진은 난생처음 마주한 숙제처럼 정말 어려운 미션이었다. 그러나 "맨땅에 헤딩"이라는 말도 있지 않은가. 한국인 특유의 추진력! 막막했지만 첫발을 내디뎌야 했다. 기자 시절 새 출입처에서 그랬던 것처럼 교황청 주요 인사들을 찾아가 특임대사 명함을 건네며 한반도 평화를 위해 기도해달라고 부탁했다. 주재국에서의 미션 수행은 이렇게 시작되었다.

교황과 독대, 그리고 설 선물

마침 설날이었다. 평창동계올림픽이 개막하여 한창 열기를 뿜고 있었다.

2018년 2월 16일, 영광스럽게도 설날 프란치스코 교황에게 신임장을 드렸다. 신임 대사로서 반드시 거쳐야 하는 신임장 제정식을 한 것이다.

공적으로도 사적으로도 중요한 날이었다. 공적으로는 교황 방북 프로젝트의 실질적인 시동을 의미했다. 교황은 당사자 아닌가! 교황의 의사를 분명히 확인해야 했다. 당사자가 아니라고 하면 방법이 없다. 설득해야 하지만 절차도 복잡하고 결과도 알 수 없는 노릇이다. 사적으로는 최고의 영광이다. 요셉이라는 세례명을 가진 천주교 신자로서 이보다 더한 영광이 어디 있겠는가. 교황을 만나 악수 한번 하고 사진 한번 찍는 것도 쉽지 않은 일인데, 바티칸 사도궁의 교황 개인 서재에서 교황과 단둘이 담소를 나눈다고? 언감생심, 주교황청 대사로 오지 않았다면 교황과의 독대는 감히 꿈도 꾸지 못하는 일 아닌가.

설날 신임장 제정식

신임장 제정식 준비에 만전을 기했다. 다른 나라의 선임 대사들이 어떻게 했는지 동영상도 시청하고 관련 자료도 챙겨서 봤다. 독대 시간은 평균 20분 남짓이었다. 다른 대사들이야 종교 지도자인 교황과 듣기 좋은 덕담만 나누고 독대를 마쳤겠지만, 나는 할 이야기가 많았다. 어떻게 해야 하나 고민이 깊어만 갔다.

통역 시간을 빼면 교황과의 실질적인 독대 시간은 10분밖에 안 된다. 이 짧은 시간을 최대한 효율적으로 사용할 방법을 궁리했다. 이탈리아어 통역사를 미리 만나야 했다. 교황청 의전실에서 알려준 통역사는 서울대교구 출신으로 바티칸뉴스에 파견되어 있던 김남균 신부(시몬)였다. 김 신부를 미리 만나 교황에게 반드시 전달해야 할 내용들을 알려줬다. D-1일에는 리허설을 야무지게 했다. 모든 준비는 외무고시 출신의 베테랑 외교관인 박수덕 공사가 지휘했다. 박 공사가 PD 역할을 했다. 박수덕 연출, 이백만 주연이었다.

드디어 디데이, 신임장 제정식은 외교 관례에 따라 통상적으로 진행되었다. 내게 중요한 행사는 그다음의 교황 독대였다. 메모지와 필기구를 주머니에 넣고 갔다. 기자 시절 몸에 밴 습관이기도 했지만 교황과의 뜻깊은 시간을 기록하고 싶었다.

교황과의 독대는 순조롭게 진행되었다. 독대 내용을 요약해서 실어본다.

교황, "북한에 가지 않을 이유 없다"

이백만 대사   제가 특별한 선물을 하나 가지고 왔습니다. 한국 화가 심순화 가타리나가 그린 〈매듭을 푸는 성모 마리아〉입니다. 성모님이 매듭을 푸시듯, 한반도를 둘러싸고 있는 여러 매듭이 잘 풀리도록 교황님께서 기도해주시면 감사하겠습니다.

프란치스코 교황   네, 기도하겠습니다. 내 가슴과 머리에는 항상 한반도가 있습니다.

이백만 대사   문재인 대통령은 독실한 가톨릭 신자이십니다. 세례명이 디모테오이지요. 교황님을 직접 뵙고 한반도 평화 프로세스에 대한 지혜를 얻고자 하십니다.

프란치스코 교황 문 대통령을 잘 알고 있습니다. 대내외적으로 어려움이 많다는 사실도···. 대통령을 항상 응원한다고 전해주십시오. (사무실 문을 가리키며) 제 방문은 항상 열려 있습니다. 언제든지 방문하시라고 하십시오. 기다리겠습니다.

이백만 대사 평창동계올림픽이 성공적으로 잘 진행되고 있습니다. 교황님의 기도 덕분입니다. 남한과 북한이 여자 아이스하키에서 단일팀을 만들어 출전했고, 남북한이 한반도기를 들고 공동 입장했습니다. 더구나 평창동계올림픽을 계기로 남한과 북한이 대화를 하기 시작했습니다. 북한과 미국 간에도 대화의 싹이 트고 있습니다.

프란치스코 교황 같은 언어를 쓰는 같은 민족이 하나의 깃발 아래 올림픽에 참가해서 보기가 좋았습니다. 남북정상회담 성사 여부와 북미 관계 개선에 각별히 주목하고 있습니다.

이백만 대사 교황청은 평창동계올림픽에 대표단을 파견하여 평화올림픽의 가치를 높여주었습니다. 선수도 없는데 대표단을 파견해주신 데 대해 감사의 말씀을 드립니다. 특히 교황청 대표로 파견된 산체스 데 토카Sanchez de Toca 몬시뇰이 남북한 태권도의 합동 시범공연을 바티칸에서도 열자고 제안해주셨습니다. 이 행사가 꼭 성사되었으면 하는 바람입니다.

프란치스코 교황   과거 냉전시대 미국과 중국이 탁구를 통해 관계 정상화의 물꼬를 튼 적이 있습니다. 소위 '핑퐁 외교'를 통해 미국과 중국이 가까워졌고 결국 수교를 하게 되었지요. 스포츠의 가치는 아름답습니다. 태권도를 통해 남북이 더욱더 가까워질 수 있다면 얼마나 좋은 일입니까.

이백만 대사   교황님, 한반도 안보 상황이 아주 어렵습니다. 문 대통령이 한반도 평화 프로세스를 추진하고 있지만 첩첩산중입니다. 교황님께서 직접 북한을 방문하시어 축복해주시고 기도해주실 수 있겠습니까?

프란치스코 교황   초청장이 오면 (북한에) 가지 않을 이유가 없습니다. 내가 왜 가지 않겠습니까? 한반도는 제2차 세계대전 이후 유일하게 남아 있는 냉전 지역입니다. 만약 전쟁이 일어나면 국지전이 아니라 국제전이 될 것입니다. 절대로 전쟁이 나면 안 됩니다. 한반도 문제의 해법은 대화가 유일한 답입니다.

이백만 대사 한국에서는 오늘이 민족 최대의 명절인 설날입니다. 이 뜻깊은 날에 교황님을 알현하고 신임장을 제정할 수 있게 되어 저 개인적으로도 큰 영광이라고 생각합니다.

프란치스코 교황 지난주 삼종기도 때 동북아시아의 설 명절에 대해 축복해주었지요. 다시 한번 한국 국민들에게 설날 복 많이 받으시라고 기도합니다.

대화를 끝내고 한국 국민들에게 설 축하 메시지를 써줄 수 있겠느냐고 물었다. 교황은 미소를 지으며 흔쾌히 수락했다. 준비해 간 메모지와 펜을 건네자 즉석에서 메시지를 써 내려갔다. "친애하는 한국 국민들에게 평화의 인사를 전합니다. 당신들을 위해 기도하겠습니다. 저를 위해서도 기도해주세요. 축복합니다."

설날, 참으로 많은 이야기를 했고 기대 이상의 선물을 받았다. 이날의 독대는 이례적으로 약 40분 가까이 진행되었다.

이백만 주교황청 한국 대사의 신임장 제정식. ⓒ 교황청

```
+
   Al carissimo Popolo Coreano,
 i miei migliori auguri di pace!
Io prego per Voi; per favore fatelo
per me.
   Con la mia benedizione
                   Franciscus
                   16. 2. 2018
Buon anno nuovo!!
```

프란치스코 교황이 한국 국민들에게 남긴 설 축하 친필 메시지.

예상하지 못했던 숭고한 시간이었다. 프란치스코 교황은 문재인 대통령의 면담(알현)을 허락해주었고, 무엇보다 방북 의사를 분명히 밝혔다. 대한민국 정부 당국자가 프란치스코 교황의 방북 의사를 공식 확인한 것은 처음이었다. 기자였다면 대특종을 한 셈이다.

청와대와 외교부 본부에 독대 내용을 즉각 전문으로 보고했다. 현윤경 특파원(연합뉴스)이 대사관 공관에 와 있었다. 박 공사와 협의하여 '교황 방북 의사 확인'은 언론에 공개하지 않았다. 외교적 파장이 만만치 않을 것으로 예상된 데다 향후 교황청 실무자들과의 관계를 생각해야 했기 때문이다. 현 특파원은 '내 가슴과 머리에 한반도 있어'라는 제목으로 멋있는 기사를 써주었다.*

---

* 《연합뉴스》, 2018년 2월 17일, 〈프란치스코 교황 "남북정상 회담·북미관계 진전 예의주시"〉, 현윤경.

긴장했던 미국 관저 만찬

교황청 외교 무대의 실질적인 데뷔가 예상보다 빨리 왔다. 칼리스타 깅리치Callista Gingrich 미국 대사의 초청을 받아 미국 대사 관저에서 만찬 파티를 하게 된 것이다. 신임장 제정식을 한 뒤 달포 정도 지난 시점이었다. 2018년 3월 29일, 사순시기 성주간이었고 예수님이 제자들의 발을 씻어준 성목요일이었다.

호주대사관에서 열린 세계 여성의 날 행사에 참석, 옆자리에 앉은 칼리스타 깅리치 대사와 인사하고 몇 마디 나눈 것이 인연이 되었다. 이날 행사에는 교황청 외교단의 여성 대사들이 대거 참석했다. 당시 교황청 외교단에는 여성 대사가 많았다. 미국을 비롯해 영국, 프랑스, 스페인, 캐나다, 호주, 오스트리아 등 20명이 넘었다. '초짜 대사'가 그런 자리에서 무엇을 하겠는가. 새로 부임한 대사라고 인사하며 명함 교환하기에 바빴다.

칼리스타 깅리치는 나보다 2개월 먼저 부임했다. 신임 대사끼리 가까이 앉아 이런저런 이야기를 나누었다. 폴란드계 미국인으로 독실한 가톨릭 신자인 그녀는 특유의 자상함이 몸에 배어 있는 듯했다. 헤어지면서 식사나 한번 하자고 하길래 그러자고 대답한 것뿐인데, 초대장을 보내준 것이다. 무척 기분이 좋았다. 그러나 솔직히 고민이 되었다. 아직 외교단 분위기도 파악하지 못한 상태 아닌가. 박수덕 공사와 상의했다. 박 공사는 단호하게 말했다. "대사님, 미국 대사가 이렇게 단독으로 관저 만찬에 초대한 경우는 흔치 않습니다. 영광으로 생각하고 저녁을 함께 하십시오. 미국과 우리는 동맹 관계 아닙니까. 우리는 미국과 잘 지내야 합니다." 그렇지! 동맹국과의 우호 증진과 정보 교환! 칼리스타 깅리치 대사에게 만찬을 함께 하겠다고 답해주었다.

그렇지만 여전히 고민스러웠다. 만찬 상대가 미국 대사 아닌가! 또 그의 남편이 누구인가. 미국 하원의장 출신으로 한때 워싱턴 정가를 쥐락펴락했던 거물 정치인 뉴트 깅리치 Newt Gingrich다. 트럼프 대통령과 막역한 사이라고 알려져 있고, 로마와 워싱턴을 오가며 여러 가지 일을 한다고 들었다. 혹시 실수라도 하면 어쩌나, 영어 소통은 제대로 될까, 두세 시간 동안 무슨 말을 해야 하나, 선물은 뭘 가지고 가야 하나, 온갖 것이 다 고민이었다.

만찬 외교 또한 난생처음이었다. 경험이 없는 사람이 중요한 과업을 수행해야 할 때는 오로지 철저한 사전 준비밖에 없다. 준비 다음에 할 일은? 그냥 부딪치는 수밖에 없다. 결과는? 하느님에게 맡겨야 한다. 준비를 많이 했다. 문재인 대통령의 한반도 평화 프로세스에 대해 잘 설명해주는 것이 가장 중요한 일이라고 생각했다. 또 K팝 등 이야깃거리가 될 만한 소재를 정리하여 예상 대화록도 만들었다. 관저에서 아내와 리허설도 여러 번 했다. 선물은 스승예수의제자수녀회에서 만든 '한복 입은 성모님'으로 준비했다. 만찬 준비 과정에서 중요한 사실을 몇 가지 알아냈다. 칼리스타 깅리치 대사는 2011년과 2012년 《뉴욕타임스》가 선정한 베스트셀러 작가였다. 또 남편인 뉴트 깅리치 의장은 본래 개신교 신자였으나 그녀와 결혼하면서 가톨릭으로 개종했다. 만찬 분위기를 띄우기 좋은 이야기 소재였다.

난생처음 경험한 만찬 외교

로마 전경이 잘 보이는 자니콜로 언덕 위에 위치한 미국 관저를 찾았다. 경비가 삼엄했다. 테러 예방을 위한 조치라고 했다. 관저 앞길 양쪽에 중무장한 장갑차가 서 있었고, 현역 군인들이 총을 들고 경계근무를 하고 있었다. 출입문에는 금속탐지기가 설치되어 있었다. 현역 군인 2명이 인적 사항을 체크했다. "오늘 저녁 초대받은 한국 대사"라고 했더니 그냥 통과시켜주었다.

관저에 들어서자 4명이 한 줄로 서서 우리 부부를 기다리고 있었다. 미국대사관 차석인 루이스 보노 Louis Bono 공사 부부도 함께한 것이다. 외신으로만 봤던 뉴트 깅리치 의장을 처음 만났다. 거구와 칼칼한 목소리에 약간 움찔했지만 그가 먼저 전혀 예상하지 못했던 이야기를 꺼내며 서먹한 분위기를 깨뜨렸다. "이 대사님, 별명이 '엉클 죠'라면서요? 어떻게 그리 좋은 닉네임을 갖게 되었나요?" 크~ 이분들도 나에 대해 준비를 좀 하셨구나. 이 별명 아는 사람 별로 없는데, 2013년 캄보디아 장애인기술학교에서 자원봉사할 때 신부님들이 지어준 별명을 어떻게 알았을까?

만찬장에 들어갔다. 영화 세트장처럼 화려했다. 깅리치 대사의 안내로 자리에 앉았다. 외교부의 신임 대사 오리엔테이션 때 들었던 대로, 교과서적인 자리 배치를 해놓았다. 부부끼리 나란히 앉도록 자리를 배치하지 않고 따로따로 떼어놓았다. 옆자리에 아내가 앉아 있었다면 말문이 막힐 때 상의할 수도 있을 텐데, 그런 행위가 구조적으로 불가능한 좌석 배치였다.

책을 한 권이라도 내어본 사람들은 안다. 자기 책에 대해 이야기해주는 것만큼 기분 좋은 일이 없다. 깅리치 대사에게 베스트셀러 책 이야기를 했더니 반색을 하며 즐거워했다. 글은 어떻게 그렇게 잘 쓰는지, 왜 전업작가가 되지 않았는지, 앞으로도 계속 글을 쓸 것인지, 《뉴욕타임스》 선정 베스트셀러에 오른 것은 대단한 일인데 독자들의 반응은 어떠했는지, 나와 아내의 질문에 깅리치 대사는 신나게 이야기해줬다. 베스트셀러 작가로서의 자부심이 대단했다. 참석자 모두 시간 가는 줄 모르고 책 이야기를 했다. 깅리치 대사는 자신의 책에 직접 사인을 하여 우리에게 선물해주었다.

화제를 바꿀 때가 되었다. 실질적인 주인공은 뉴트 깅리치 의장이니 이제 그의 말을 들어봐야지! 남북정상회담(1차)은 확정되었고, 북미정상회담 또한 활발하게 논의되고 있었다. 꽁꽁 얼어붙어 있던 한반도에 드디어 따뜻한 봄이 오고 있었다. 한반도의 봄! 트럼프 대통령과 김정은 위원장의 만남! 한반도 지형을 완전히 바꿀 만한 역사적 사건이 될 게 분명했다. 초미의 관심사는 회담 장소였다. 판문점, 울란바토르(몽골), 싱가포르, 스위스, 스웨덴 등 온갖 아이디어가 튀어나왔다. 심지어 평양과 워싱턴까지! 뉴트 깅리치는 평양을 점쳤다. 당시 한반도 현안에 대해 사견이라는 전제를 달고 말해준 그의 독특한 시각은 새겨들을 만한 가치가 충분했다.

뉴트 깅리치, '평양'을 예상했다!

이백만 대사 남한과 북한이 남북정상회담을 2018년 4월 27일 판문점에서 열기로 했다. 어떻게 전망하나?

뉴트 깅리치 의장 판문점 선택 잘했다. 남북정상회담 잘될 거다.

이백만 대사 남북정상회담도 중요하지만, 한반도의 운명을 결정할 수도 있는 미북정상회담이 더 중요하다.

뉴트 깅리치 의장 회담이 잘되지 않겠나. 이번에 새로 임명된 폼페이오 국무장관이나 볼턴 백악관 안보보좌관 모두 훌륭한 사람들이다. 내가 좀 안다. 한국, 긴장해야 할 것이다.

칼리스타 깅리치 주교황청 미국 대사 부부(가운데)와의 만찬 장면. 루이스 보노 미국 공사 부부도 함께했다.

이백만 대사 미북정상회담 장소는 어디가 될 것 같은가?

뉴트 깅리치 의장 트럼프의 성격상 아마 평양을 택할 것이다. 평양에서 트럼프와 김정은이 만난다? 이 얼마나 대단한 일인가. 미국 대통령이 평양에 가면, 그 자체로 북한은 충격에 빠질 수 있다. 김정은이 과연 감당해낼 수 있을까? 평양에서 회담을 하게 되면 트럼프만 그곳에 가는 게 아니잖나. 얼마나 많은 사람이 평양을 가게 되나. 수행원과 수행 기자들, 그리고 대통령 전용기가 엄청 크고, 전용 헬리콥터도 크다. 트럼프도 크다! 북한과 김정은이 감당할 수 있을까?

이백만 대사 김정은을 믿을 만한 지도자라고 생각하는가?

뉴트 깅리치 의장 (잠시 생각하더니) 나는 그를 신뢰하지 않는다. 그러나 그것은 중요하지 않다. 김정은이 처한 상황이 중요하다. 얼마나 다급했으면 베이징에 갔겠나.

칼리스타 깅리치 대사 미북정상회담 협상, 이제 시작이다. 나는 그들을 믿을 수 없다. 그러나 북한과의 대화는 필요하다. 가능하다. 우리는 힘이 있고, 그들은 다급하다.

이백만 대사   언론에서는 트럼프 대통령이 11월 중간 선거를 의식하고 있다고 하던데.

뉴트 깅리치 의장   정치인이 선거를 의식하지 않을 수 있나? 선거는 민주주의의 핵심이다(웃음).

만찬 분위기가 좋았다. 당초의 걱정은 완전 기우였다. 저녁 7시경 미국 관저에 도착했는데, 밤 11시 좀 넘어 끝났다. 네 시간 이상 담소를 나눈 것이다. 나는 깅리치 대사에게 "예수님은 제자들과 2,000년 전 오늘 '최후의 만찬'을 했지만, 우리는 '최초의 만찬'을 했다. 다음에는 제가 한번 모시겠다"고 말했다. 깅리치 대사는 웃으면서 수락했다.

로마에서 본 남북정상회담

봉쇄수녀원에 갈 때마다 마음이 숙연해졌다. 왜 그럴까. 험한 세상 살다 보면 고백성사를 봐야 할 일이 한두 가지가 아니고, 수정처럼 맑은 저분들이 나를 만나 혹시 오염이 되면 어쩌나 하는 생각 때문이리라. 그러나 수녀들은 환한 미소를 지으며 항상 반갑게 맞아주셨다. 몸은 갇혀 있으나 마음은 온 세상을 품고 있다. 속세의 시각에서 보면 영락없는 '감옥'이지만 수도자들에겐 더할 나위 없는 '천국'이다. 봉쇄수녀원에서는 기도가 생활의 전부다. 밥 먹고 노동하고 노래하고 쉬는 것도 모두 기도 속에서 이루어진다. 기도 지향은 언제나 세상의 평화다. 한국인 수도자가 있는 봉쇄수녀원 방문은 중요한 임무 중 하나였다.

2018년 5월 어느 화창한 봄날 나폴리로 향했다. 나폴리 인근 노체라라는 작은 도시에 성글라라수도회가 있다. 설립된 지 500년이 넘는 봉쇄수녀원이다. 한국 수녀 3명이 수도 생활을 하고 있었다. 베르나데타 수녀, 엘리자벳 수녀, 마르띠나 수녀! 수녀들을 만나기 위한 면회 절차는 무척 엄격했다. 면회실 옆에는 면회자용 식당이 따로 있지만, 부모 형제라 해도 수도자와 함께 식사할 수 없었다. 면회실에서 창살 사이로 손을 내밀어 악수 정도까지만 허용되었다.

"수녀님, 안녕하세요. 날씨가 무척 좋습니다. 별일 없이 잘 지내고 계시지요?"

"대사님, 우리 많이 울었습니다."

"왜요?"

"남북정상회담이요. 문재인 대통령과 김정은 위원장이 회담하는 장면을 인터넷 생중계로 봤거든요. 고맙게도 원장 수녀님이 특별 관면(허락)을 해주셨습니다. 여기 있는 수녀님들이 모두 시청했어요. 두 분이 형제처럼 정겹게 포옹하는 모습에 그만 눈물이 나고 말았습니다. 수녀들이 모두 울었어요."

"그러셨군요. 감사합니다. 앞으로도 한반도 평화를 위해 기도 많이 해주세요."

성글라라 봉쇄수녀원을 방문한 이백만 대사가 면회실에서 수녀들과 대화를 나누고 있다.

2018년 6월 12일 싱가포르 북미정상회담(1차)이 성공적으로 끝나자 바티칸 분위기도 확 달라졌다. 어디 가서 누구를 만나든 '한반도 평화'가 주요 화제로 떠올랐다.

폴 갈라거 Paul R. Gallagher 교황청 외교장관을 관저로 초대하여 만찬을 함께 했다. 2018년 6월 하순이었다. 갈라거 장관은 7월 초 한국을 방문할 예정이어서 서로 '할 이야기'가 많았다. 그는 장관이 되기 전에 북한을 두 번이나 방문한 경험이 있다. 교황청에서 북한, 중국 등 동아시아 전문가로 통하는 분이다. 프란치스코 교황의 방북 프로젝트와 관련하여 각계의 의견을 청취할 목적으로 한국 방문이 예정되어 있는 듯했다. 강경화 외교부 장관 회담, 국회 방문, 대통령 예방, 판문점과 DMZ 시찰 등의 행사가 준비되어 있었다. 이날 만찬 회동의 주제도 문재인 대통령의 한반도 평화 프로세스였다. 허심탄회하게 대화를 나눴지만, 질문은 송곳 같았다.

"김정은을 믿을 수 있나요?"

갈라거 외교장관 이 대사님은 김정은 위원장을 믿을 수 있나요?

이백만 대사 중요한 점은 김정은의 리더십 아니겠습니까. 할아버지(김일성), 아버지(김정일)와는 확실히 다르다고 봅니다. 김정은은 청소년 시절 유럽에서 유학을 했습니다. 서양 문화도 알고 가톨릭도 알고 있겠지요. 북한은 지금 무척 어렵습니다. 돌파구를 찾고 있는 것 같습니다. 김정은 개인의 인격을 믿는다기보다는 그가 처한 상황이 중요하다고 생각합니다.

갈라거 외교장관 (장성택 처형 등) 잔인한 행동을 하지 않았나요?

이백만 대사 네, 그 점을 제외하면요.

갈라거 외교장관 김정은은 지난해 계속해서 문재인을 시험했습니다. 핵폭탄만 시험한 것이 아니라 문재인의 신뢰를 시험했다는 말입니다. 그 결과 김정은은 문재인에 대해 '믿을 수 있는 지도자'라는 판단을 내린 것 같아요.

이백만 대사 동의합니다. 북미정상회담이 추진되던 중 트럼프 대통령이 갑자기 취소 결정을 내려 세상이 혼란스러웠을 때, 김정은이 문재인에게 전화해 만나자고 하지 않았습니까? 두 분이 판문점에서 긴급 회동을 했지요. 상호 신뢰가 없으면 불가능한 일 아니겠어요?

갈라거 외교장관 남북 관계에 대한 전망을 어떻게 하고 계시나요?

이백만 대사 긍정적입니다. 기본적으로 문재인과 김정은 사이에 신뢰가 있다고 보기 때문이지요.

갈라거 외교장관 남북이 모두 통일을 이야기하는데… 통일, 걱정이 되지 않나요? 독일의 경우 갑자기 통일되어 혼란이 컸고 비용도 엄청 많이 들었는데….

이백만 대사 한국은 독일식 통일을 원치 않습니다. 단계적 통일이 우리 정부의 기본 원칙입니다.

갈라거 외교장관 북한에 천주교 신자가 몇 명이나 있을까요?

이백만 대사 남북 분단 전에는 북한에도 천주교와 개신교 등 그리스도교가 번창했습니다. 평양이 아시아의 예루살렘이라는 말이 나올 정도였지요. 그러나 지금은 신자가 몇 명밖에 안 될 것입니다.

2018년의 한반도 안보 상황은 평창동계올림픽을 전후로 긴장 국면에서 대화 국면으로 급변했다. 올림픽 이후 성사된 세 차례의 남북정상회담(문재인-김정은)과 한 차례의 북미정상회담(트럼프-김정은)으로 군사적 긴장은 화롯불에 눈 녹듯 사라졌다. 오랜만에 훈풍이 불자 모두가 평화를 노래하며 한반도의 미래를 설계했다. 교황청 외교부 로베르토 루키니 Roberto Lucchini 몬시뇰(동북아 담당)의 코멘트가 아직도 생생하게 기억에 남아 있다.

"드라마틱한 전환이었습니다. 평창동계올림픽이 결정적 계기가 되었다고 봐야지요. 정말 기적 같은 일이 벌어졌습니다. 하느님의 은총 아니고서는 설명하기 어렵습니다."

프란치스코 교황, 그는 누구인가

"약한 자 힘 주시고 / 강한 자 바르게 / 추한 자 정케 함이 / 주님의 뜻이라."

1970~80년대 대학가에서 민주화운동 학생들이 시위를 할 때 자주 부르던 노래다. 개신교 찬송가(새 찬송가 460번, 통일 515번)이지만 학생들은 종교와 무관하게 즐겨 불렀다. 정의와 자유를 갈구하던 시대, 노랫말 메시지가 강렬한 데다 폐부에 스며드는 잔잔한 멜로디가 울림이 되어 젊은 학생들을 뭉치게 했다. 가톨릭 성가 〈주님은 우리 위해(119번)〉의 악보도 이 찬송가와 같다. 천주교에서는 사순시기에 이 성가를 주로 부른다. 노랫말이 다를 뿐, 영국 웨일스 성가를 한국에서 개신교와 가

톨릭이 함께 부르고 있는 것이다. 바티칸 활동 3년, 프란치스코 교황을 볼 때마다 이 노래가 생각났다. 꼭 프란치스코 교황을 두고 만들어진 노래 같았기 때문이다.

기원전 7세기 고대 근동에는 예언자 아모스 성인이 있었다. 성인은 항상 백성들 편에 서서, 위정자들과 기득권자들에게 "정의를 강물처럼 흐르게 하라"(아모 5,24)고 외쳤다. 프란치스코 교황도 마찬가지다. 꼭 21세기의 아모스 성인 같다!

2022년 2월 24일 새벽, 러시아 푸틴 대통령이 우크라이나에 선전포고를 하고 미사일 세례를 퍼부었다. 서방 강대국들의 대응 수위는 의외로 낮았다. 프란치스코 교황은 달랐다. 교황은 전쟁 개시 다음 날 주교황청 러시아대사관을 직접 방문하여, 러시아의 우크라이나 침공에 대한 우려를 표명했다. 일국의 국가원수가 분쟁 중에 있는 특정 국가의 대사관을 찾는 일은 극히 이례적이다. 교황은 이런 외교 관례를 깨고 러시아대사관에 들어가 '반전 시위'를 벌인 것이다. 세계를 향한 고발이자 푸틴 러시아 대통령에 대한 경고였다. "푸틴, 당신이 틀렸어. 전쟁은 안 돼!"

프란치스코 교황은 2019년 3월 31일 북아프리카 모로코를 방문하고 복귀하는 비행기 안에서 여느 때처럼 기자회견을 가졌다. 한 기자가 물었다. "이주민의 진입을 막으려고 국경을 따라 장벽을 건설하려는 미국 트럼프 대통령의 정책에 대해 어떻게 생각하십니까?" 교황은 단호하게 대답했다. "장벽을 건설하는 사람들, 그 장벽 안에 갇힐 것입니다." 트럼프 대통령을 에둘러 비판하는 말이었다. 교황의 메시지는 거침이 없고 분명했다. "트럼프, 당신이 틀렸어. 장벽 쌓지 마!"

프란치스코 교황은 착좌 이후 첫 방문지로 이탈리아의 최남단 람페두사Lampedusa섬을 선택했다. 유럽으로 가려는 북아프리카 불법 이민자들의 밀항지로 잘 알려진 곳이다. 2013년 7월 8일, 교황은 람페두사섬의 '불법 이민자 수용소'에서 미사를 집전했다. 강론을 통해 이민자들에 대한 국제적 무관심을 비판하고 양심의 각성과 형제애를 촉구했다. "이주자들이 바다에서 죽어가고 있다. 희망의 배가 죽음의 배가 되고 있다. 심장이 가시로 찔리는 듯 고통스러웠다. 이곳에 와서 기도하고, 내가 여러분과 함께하고 있다는 징표를 보여주고 싶었다. 이런 비극이 반복되지 않도록 우리 양심에 도전하고 싶었다."

교황과 문재인의 공통점, '만남의 외교'

미국 외교 전문지 《포린 어페어스 Foreign Affairs》는 2017년 9월 '한국의 대북 정책에 대한 가톨릭의 영향'이라는 특집 기사를 실었다. 빅터 가에탄 Victor Gaetan 기자는 이 기사에서 "문재인의 가톨릭 신앙이 그의 외교정책에 영향을 미쳤는가?"라고 문제를 제기한 뒤, "그의 접근법은 프란치스코 교황의 접근법을 반영한다(His Approach Mirrors That of Pope Francis)"라고 결론을 내렸다.* 문 대통령이 취임한 지 얼마 안 된 시점, 그러니까 남북 관계나 북미 관계가 꽁꽁 얼어붙어 있을 때 나온 분석 기사였다. 문재인 대통령은 선거운동 기간에는 정책 공약을 통해, 그리고 취임 후에는 국정 운영 지침을 통해 대북 정책의 기조를 공표했다. 가에탄의 기사는 이를 기초로 쓰인 듯 보였다. 가에탄은 특히 프란치스코 교황과 문재인 대통령의 공통점으로 '만남의 외교 diplomacy of encounter'를 들었다. 만남의 외교는 정치적 혹은 군사적으로 아무리 어려운 상황에 봉착해 있더라도 서로 대화를 해야 하며, 대화를 통해 해결책을 마련해나가야 한다는 외교 전략이다. 성경에

---

* 《Foreign Affairs》, 2017년 9월 22일, 〈Has Moon Jae-In's Catholicism Influenced His Diplomacy?〉, Victor Gaetan.

서도 확인되듯 기적은 항상 만남에서 이루어진다. 프란치스코 교황은 만남과 실천을 중시하는 지도자다.

프란치스코 교황은 노구에도 불구하고 편치 않은 다리로 쉴 새 없이 외국을 순방하고 있다. 큰 고통에 빠진 나라, 가장 가난한 나라, 형제간의 분쟁으로 평화가 위태로운 나라, 과거 식민지 지배로 상처가 남아 있는 나라 등을 주로 찾고 있다. 종교나 이념을 따지지 않는다. 그저 하느님의 자녀들을 만나 위로하고 격려하고 응원하고 기도해준다. 그뿐이다. 돈을 주는 것(경제 지원)도 아니고 미사일을 주는 것(군사 지원)도 아닌데, 어디를 가든 환영 인파가 인산인해를 이룬다. 왜 사람들은 국적이나 인종을 뛰어넘어 프란치스코 교황을 좋아할까. 독일의 가톨릭 신학자 발터 카스퍼 Walter Kasper 교수(추기경)는 "진보냐 보수냐로 나누는 진부한 패러다임에 프란치스코 교황은 어울리지 않는다. (…) 그는 철저한 예수회 수도자"라고 말했다.* 카스퍼 교수는 프란치스코 교황이 16세기 가톨릭 개혁을 주도했던 예수회의 정신으로 현재 가톨릭 개혁에 박차를 가하고 있다는 의미로 '철저한 예수회 수도자'라고

---

* 발터 카스퍼, 《자비와 사랑의 혁명》, 윤선아 옮김, 분도출판사, 2017, 23쪽.

표현한 것 같다. 프란치스코 교황은 그레고리오 7세 교황(재위 1073~1085년), 요한 23세 교황(재위 1958~1963년)과 함께 '3대 개혁 교황'으로 불리고 있다.

교황, '억강부약' '강강약약'의 리더십

억강부약抑强扶弱, 강자를 누르고 약자를 도와준다! 이는 정치의 본질이고 종교의 본령이다. 정치든 종교든 진정한 지도자는 강자에게 강하고 약자에게 약한强强弱弱 리더십을 발휘해야 한다. 이게 말처럼 쉽지 않다. 지도자라고 자처하는 대부분의 사람들이 강자에게 약하고 약자에게 강한强弱弱强, 비겁한 모습을 보여주고 있는 게 현실이다.

프란치스코 교황은 드물게 '억강부약의 리더십'과 '강강약약의 리더십'을 발휘하는 글로벌 리더다. 하느님 정의의 관점에서 정말 아니다 싶으면 이것저것 따지지 않고 "노!"라고 분명히 말한다. 반대로 정말 이거다 싶으면 주저 없이 "맞다!" 하면서 지지한다. 세상의 평화를 위해 절실하게 기도하고 기도 지향을 행동으로 옮기는 '실천적 신앙인'이다. 안락한 보료에 앉아 듣기 좋은 덕담만 하는 성직자가 결코 아니다.

프란치스코 교황은 문학적 감성이 남다르다. 영혼을 건드리는 신선한 어휘가 넘쳐난다. 그리스 사상가들에게서 빌려온 거창한 철학 용어로 말하기보다는 항상 대중적인 언어로 말한다. 하느님의 말씀을 시대의 맥락에 따라 해석하고, 시대의 징표를 디테일하게 읽어내는 능력도 탁월하다. 이러한 매력들이 자석처럼 사람들을 끌어당기는 것이다.

프란치스코 교황의 거처도 살펴볼 만하다. 사람은 '사회적 동물'이어서 어디서 누구와 함께 사는지를 보면, 그 사람의 성품을 짐작할 수 있기 때문이다. 프란치스코 교황은 사도궁 3층에 있는 관저를 이용하지 않고 바티칸 사제들의 공동숙소(기숙사)인 산타마르타 하우스에 살고 있다. 15평 규모의 손님방 201호가 교황의 숙소다. 전임 교황들이 수백 년간 살아온 사도궁의 관저 대신 소박한 객실을 선택한 것은 많은 메시지를 던져준다.

세계적인 여론조사기관 갤럽 인터내셔널Gallup International은 정례적으로 전 세계인(49개국)을 대상으로 글로벌 리더에 대한 호감도를 조사하여 발표한다. 프란치스코 교황은 이 조사에서 항상 압도적 1위를 차지한다. 2020년 조사에 따르면, 1위 프란치스코 교황 53%, 2위 메르켈 독일 총리 46%, 5위 트럼프 미국 대통령 31% 등이다. 호감도에서 비호감도를 뺀 순수 호감도는 프란치스코 교황 30%, 메르켈 총리 15%, 트럼프 대통령 -27%로 조사되었다. 프란치스코 교황에 대한 한국인의 호감도는 62%로 매우 높았다. 2018년에는 무려 76%에 달했다. 한국의 가톨릭 신자가 전체 인구의 10% 수준인 점을 감안할 때 한국 사람들은 자신의 종교와 관계없이 프란치스코 교황을 좋아한다는 의미다.

'유일무이'의 국가

"아니, 세계 지도에 없는 국가가 있다고요?"
"네! 있습니다. 교황청이…."

교황청은 특이한 국가다. 국가의 구성과 권력 구조, 정부 조직과 운영 시스템 등에서 일반 국가와는 완전히 다른 국가 운영체계를 갖고 있다. 교황청의 특징을 한마디로 표현한다면 '유일무이'라 할 수 있다.

일단 영토 개념이 다르다. 교황청은 국제정치학에서 얘기하는 영토 개념이 적용되지 않는 국가다. 이론적으로는 땅이 한 평도 없는 나라다. 국가 구성의 3대 요소(국토, 국민, 주권) 가운데 두 가지 요건만 갖추고 있다. 교황청은 전 세계에 흩어져 있는 13억 인구의 가톨릭 신자들을 영적으로 관할하는 '영적인 국가'다. 당연히 지도에 없을 수밖에! 구

글 지도나 네이버 지도에 한글로 '교황청', 영어로 'Holy See', 이탈리아어로 'Santa Sede'를 입력하면 엉뚱하게(?) '바티칸 시국'이 튀어나온다. 종이 지도에 교황청이 없는 것은 당연하다.

교황청과 바티칸은 무슨 관계일까? 현실에서는 같은 의미로 통용되지만, 엄격하게 말하면 완전히 다른 개념이다. 영토 개념 외에 역사와 기능도 확연히 다르다. 교황청은 2,000년의 역사를 갖고 있다. 초대 교황이 베드로 사도다. 프란치스코 교황은 266대 교황이다. 반면 바티칸 시국의 역사는 100년도 채 되지 않는다. 1929년 라테란조약에 의해 로마의 바티칸 언덕에 세워진 나라로, 세계에서 가장 작은 독립 국가다. 인구(상주 시민권자)는 약 1,000명 수준이고, 국토는 약 44만 m^3(13만 3,000평)로 경복궁 면적보다 약간 큰 규모다. 교황청은 바티칸 시국을 기반으로 국정 운영을 하고 있다. 교황 등 주요 요인들이 그곳에 상주하고 있다. 교황청과 바티칸 시국의 수장은 교황이 겸하고 있다. 교황은 세계에서 가장 작은 국가의 원수이면서, 세계에서 가장 큰 국가의 원수라는 말이 이래서 나왔다.

교황청은 눈에 보이지 않는^{invisible} 영적인 국가이지만,

영세중립국으로서 외국과 조약을 체결하고 외교사절을 파견·접수하는 등 일반 국가와 똑같은 기능을 하고 있다. 교황청은 180여 개의 국가와 공식 수교 관계를 맺고 있고 유엔^{UN}, 유럽연합^{EU} 등 국제기구에도 정식 가입하거나 옵서버로 참여하고 있다.

반면 바티칸 시국은 눈에 보이는^{visible} 실체적 국가이지만 기능은 단출하다. 이탈리아와 협력하여 교황청에 대한 행정 지원 업무에 주력하면서, 영토적 속성을 기반으로 하는 외교 업무에 대해서만 교황청 기능을 대행하고 있다. 만국우편연합^{UPU}, 인터폴^{Interpol}, 국제원자력기구^{IAEA} 등 국제기구 가입이 대표적인 사례다. 바티칸 시국은 사실상 외교권을 갖고 있지 않다. 나는 '주교황청 대사'였지 '주바티칸 대사'가 아니었다.

교황청과 바티칸 시국은 별도의 법인격을 갖고 있지만 내부적으로는 불가분의 관계에 있다. 이국일체二國一體다! 교황청이 전 세계 가톨릭 신자들을 영적으로 지도하고 있는 머리(두뇌)와 몸통 같은 존재라면, 바티칸은 머리와 몸통을 땅에서 받쳐주고 있는 다리와 같은 존재다.

교황의 지위도 특이하다. 교황은 국제법상 대외적으로 교황청의 '국가원수'지만, 교회법전(331조)과 가톨릭교회 교리서(882항)는 '그리스도의 대리'로 규정하고 있다. 교황청만의 유일무이한 국가 운영 방식과 외교 의전은 바로 여기서 나온다. 교황과 국무원장과의 관계가 대표적인 사례다. 언론에서는 국무원장을 교황청의 2인자 또는 한국의 국무총리와 같다고 소개한다. 적확한 설명이 아니다. 교황과 국무원장의 관계는 한국의 대통령과 국무총리 관계와는 많이 다르다.

교황과 국무원장의 신분은 하늘과 땅만큼 차이가 난다. 교황은 '하늘에 계신 예수 그리스도의 지상 대리인'이지만, 국무원장은 하느님 백성 가운데 한 사람일 뿐이다. 한국은 대통령이 궐위되거나 사고로 인하여 직무를 수행할 수 없을 때는 국무총리가 그 권한을 대행한다(헌법 71조). 대통령 권한 대행의 서열이 법에 정해져 있다. 모든 일반 국가들이 이런 시스템을 갖고 있다. 국군통수권자인 국가원수의 자리는 1분 1초라도 공백이 있어서는 안 된다.

교황청에는 '교황 권한 대행' 제도가 없다. 교황 유고 시 차기 교황이 선출될 때까지 권력 진공 상태가 된다. 평소에 국무원장은 행정 수반으로서의 역할을 수행한다. 외국의 국가원수가 방문할 경우 교황은 교황청의 국가원수로서 면담을 하고, 국무원장은 행정 수반으로서 회담을 한다. 일반 국가에서는 찾아보기 어려운 이중 시스템이다.

세금 한 푼 없는 '무세 천국'

바티칸에는 세금이 한 푼도 없다. 일반 국가의 경우 정부가 세금의 일부를 특별히 감면해주는 면세점, 면세구역 등이 지정되어 있으나, 바티칸의 경우에는 국가 전체가 세금이 전혀 없는 '무세無稅 천국'이다. 관세, 갑근세(근로소득세), 법인세, 재산세, 부가가치세 등 세금 관련 용어 자체가 없다. 교황청도 여러 부처나 박물관 등 산하기관에서 직원들을 고용하고 있고 그들에게 봉급을 준다. 직원 수가 약 3,000명에 달한다. 주로 이탈리아 사람들이다. 이들은 적은 봉급이지만 세금이 없어 버티고 있다고 말한다.

바티칸에도 생활 편의시설이 있다. 출입국 관문 구실을 하는 '안나의 문'을 통과하면 길 왼쪽에 바티칸은행이 있고, 오른쪽에 우체국, 슈퍼마켓, 병원, 약국, 화장품점 등 편의시설이 있다. 안쪽으로 들어가면 기차역이 있고 그 옆에는 쇼핑몰(백화점)이 있다. 특이한 점은 간판이나 상호가 없다는 점이다. 처음 간 사람은 찾기 어렵다. 이들 편의시설에서 파는 물건들은 품질이 좋고 가격이 놀라울 정도로 싸다. 모두 성업(?) 중이다.

가장 인기 있는 코너는 약국, 화장품점, 쇼핑몰이다. 약국에서는 세계 최고 품질의 약을 판다. 대기표를 받고 오래 기다려야 원하는 약을 주문할 수 있다. 화장품점은 여성들에게 신천지나 다름없다. 명품 화장품이 거의 다 진열되어 있다. 가격은 세계 최저 수준이다.

임기가 끝나갈 무렵 귀국 준비를 하고 있을 때 이탈리아 직원이 팁을 주었다. "대사님, 화장품 많이 사 가세요. 공항 면세점보다 20% 정도는 더 쌉니다." 싸도 너무 싸다. 왜 이렇게 싸지, 의문이 들 정도다. 공항 면세점의 경우 비싼 임대료와 인건비, 광고·홍보비 등이 수반되고 업주도 많은 이익(마진)을 봐야 하기 때문일 것이다.

다양한 물품이 진열되어 있는 쇼핑몰도 항상 사람이 북적거린다. 바티칸 쇼핑몰도 때때로 세일을 한다. 재미있는 사실은 세일을 사전 예고 없이 한다는 점이다. 운이 좋아야 세일 물품을 살 수 있다. 고가의 사치품과 담배는 없다. 프란치스코 교황의 특별 지시에 따른 조치라고 했다.

또 바티칸 쇼핑몰에는 시내 쇼핑몰에 없는 특별 코너가 있다. 교황이 받은 선물을 판매하는 곳이다. 국가 정상이나 중요한 손님이 교황을 면담할 경우 꼭 '귀한 선물'을 가지고 온다. 교황도 묵주 등을 선물로 준다. 교황청은 그 많은 선물을 어떻게 관리할까 궁금했는데, 자체 심사를 통해 보존 가치가 없는 물품은 쇼핑몰에서 판매하여 수익금을 자선단체에 기부한다고 한다. 골동품이나 예술품의 경우 아무리 정교하게 카피를 했더라도 보존하지 않고 쇼핑몰에서 판매한다. 교황청은 진본(오리지널)만 보존한다. 교황 선물 코너에 진열된 물품에는 가격표가 붙어 있다. 먼저 본 사람이 주인일 정도로 인기가 있다.

한번은 마음에 드는 겨울용 코트가 있어서 사고 싶었다. 품질도 좋고 가격이 시내 백화점의 절반 수준이었다. 종업원이 "코트와 구두는 현직 신부들에게만 판다"며 나에게 신부냐고 물어봤다. 결국 코트를 사지 못했다. 나중에 알아봤더니 신부와 수녀, 수사 등 가톨릭 성직자 또는 수도자에게는 특정 물품에 한해 별도의 할인 혜택을 주고 있었다.

'바티칸 은행 Banca Vaticana'은 정식 이름이 아니다. 정식 이름은 'IOR Istituto per le Opere di Religione'이다. 명색이 바티칸의 중앙은행이자 유일한 상업은행인데, 기관 이름에 '은행'도 없고 '국호'도 없다. IOR을 직역하면 '종교 사업을 위한 기구'여서 연구기관처럼 보인다. 고객들이 통상적으로 '바티칸 은행'이라고 부를 뿐이다. 건물 분위기도 첨성대 같은 문화재를 마주한 것처럼 고색창연하다. 이 건물을 소개하는 어떤 간판도, 안내문도 없다. 너무 폐쇄적으로 운영되어 인간의 접근이 불가능한 '신神의 은행'이라는 별칭이 붙어 있을 정도다. 가톨릭 교구와 수도회, 가톨릭 관련 자선단체, 교황청 외교단 대사관, 교황청이나 바티칸과 관련된 기관 등이 주요 고객이다. 나도 이 은행을 통해 외교부 본부가 보내준 봉급을 매월 받았다.

바티칸 은행은 탄압을 받던 해외 단체에 자금을 지원하는 데 많은 기여를 했다. 과거 폴란드 등 동유럽과 쿠바의 가톨릭 단체에 자금을 은밀히 지원할 때도 IOR의 계좌를 활용했다. 그러다 어느 날 문제가 생겼다. 일부 '악의 세력'이 자선단체로 위장하여 자금세탁 창구로 악용한 것이다. 사회 문제가 될 정도로 심각한 일이었다.

고색창연한 분위기가 느껴지는 바티칸 은행의 입구.

프란치스코 교황은 취임하자마자 바티칸 은행의 은행장을 교체하는 등 개혁에 착수하여 전면 쇄신했다.

바티칸 시국의 이런 편의시설은 아무나 이용할 수 없다. 바티칸 시국에서 발행한 멤버십 카드(출입증)가 있어야 가능하다.

교황의 휴식공간, 바티칸 정원

바티칸 시국은 국토의 절반이 정원이다. 바티칸 정원은 교황의 전용 휴식 공간이다. 조선시대 왕들이 망중한을 즐겼던 창덕궁의 후원(비원)과 같은 곳이다. 교황은 이곳에서 혼자, 때로는 참모들과 함께 기도하고 묵상하고 산책한다.

프란치스코 교황과 베네딕토 16세 교황이 주인공으로 등장하는 영화 〈두 교황〉이 인기를 끌면서 바티칸 정원이 세상에 많이 알려졌다. 적지 않은 사람들이 질문을 했다. "영화의 배경으로 나오는 바티칸 정원이 정말 아름답던데… 실제 그곳에서 영화를 찍었나요?" 영화를 몇 번 보았고, 바티칸 정원에도 실제로 여러 번 가봤지만 선뜻 대답해줄 수 없었다. 정원 관리 책임자인 교황청 경호실장 가우치 박사에게 직접 물어봤다. "영화 속 바티칸 정원은 100퍼센트 세트입니다. 바티칸 정원이 상업적 목적에 사용된 사례는 지금까지 한 번도 없습니다."

바티칸 정원 입구에는 미카엘 대천사가 긴 창을 들고 서 있다. 거룩한 분위기를 자아낸다. 베네딕토 16세 교황이 바티칸 정원을 일반인들에게 제한적으로 개방했지만 아무나 드나들 수는 없다. 일반인 출입은 인터넷으로 신청하면 하루 100명 수준에서 평일 오전만 버스 투어가 허용된다. 그러나 투어할 때 버스에서 내리면 안 된다. 사진 촬영도, 정원 관람도 버스 안에서만 할 수 있다. 외교단에게는 '특전'이 주어진다. 대사관에서 신청할 경우 10명 이내는 산책을 허용해준다. 정원을 자유롭게 걸을 수 있고 오후 2시까지는 시간 제약도 없다. 하지만 까다로운 조건이 하나 있다. 교황청 외교부에 등록된 외교관 1명 이상이 반드시 동행해야 한다.

바티칸 정원은 자연의 생태환경을 그대로 살려놓았다. 대부분의 사람이 베르사유궁 정원처럼 화려한 공간을 상상하며 왔다가 크게 실망하곤 한다. 바티칸 정원은 수수하지만 품위가 있다. 울창한 나무가 하늘을 덮고 있으며, 초록의 숲이 대지를 감싸고 있다. 벤치가 놓여 있는 평화로운 산책길은 순례자를 피정의 세계로 초대한다.

가장 인상 깊었던 산책로는 50미터 정도 되는 '성경 나무의 길'이다. 예수님이 골고다 언덕에서 십자가형을 받았을 때 매달렸던 향백나무를 비롯해 가시나무 올리브나무 등 성경 속에 등장하는 28그루의 나무가 길 양쪽에서 나란히 자라고 있다. 이 나무들은 이탈리아산 나무가 아니다. 예수님이 사셨던 이스라엘 현지에서 가져온 나무들이다. 나무들 사이의 길에는 메추리알 크기의 자갈이 가지런히 깔려 있다. 발걸음을 뗄 때마다 사각사각 감미로운 소리가 들린다. 어느새 자연의 소리에 빠져들게 되고 스트레스가 기분 좋게 풀린다. 이 자갈길을 천천히 왔다 갔다 반복해 걸으면서 기도하고 묵상하는 교황의 모습이 절로 그려진다. 바티칸 정원에는 이런 자갈길이 여러 곳 있다. 손님들을 모시고 바티칸 공원에 들어서기 전 꼭 이 말씀을 드렸다. "돌 하나와 나무 한 그루에도 신앙적 의미가 있고 역사가 있는 곳입니다. 바티칸 정원 산책은 소풍이 아니라 순례입니다."

바티칸 정원은 개혁의 산실이기도 하다. 정원에는 9세기 사라센족의 침입을 막기 위해 쌓은 5층 높이의 레오 성벽이 남아 있다. 성벽 양쪽에 커다란 망루가 하나씩 있는데, 이곳에서 20세기의 역사를 새로 쓰는 '기적'이 일어났다. 요한 23세 교황은 왼쪽 망루에서 제2차 바티칸공의회(1962~1965년)를 구상하고 지휘했고, 공의회를 통해 가톨릭의 낡은 교리와 전례를 '혁명적으로' 뜯어고쳤다. 공의회는 가톨릭은 물론이고 정교회와 개신교 등 그리스도교 전체에 새로운 지평을 열었다. 교황청은 공의회의 산실인 왼쪽 망루를 '요한 성탑'으로, 그 앞마당을 '요한 23세 광장'으로 명명하여 기념하고 있다.

요한 바오로 2세 교황은 냉전시대 동유럽 공산국가에 자유의 바람을 불어넣은 주인공이다. 오른쪽 망루를 라디오 방송국으로 개조하여 동유럽과 소련에 단파방송을 보내, 공산 치하에서 신음하는 백성들에게 복음 말씀과 희망의 메시지를 육성으로 들려주었다. 마치 캄캄한 밤바다에서 길을 밝혀주는 등대 같은 희망의 메시지였다. 소련 정보기관KGB도 속수무책이었다고 한다. 교황은 고국(폴란드) 방문을 통해 민주화에 결정적 기여를 했고, 바티칸의 단파방송을 통해 동유럽과 소련의 민주화에도 불을 붙였다. 당시 교황이 사용했던 스튜디오와 책상, 방송국의 단파 안테나 등은 지금도 그대로 남아 있다.

바티칸 정원 풍경. 과달루페 성모님 발현 장면을 형상화한 조각 작품 뒤로 요한 성탑이 보인다.

Sans Disponible

PART 2

로마에 떨어진 암호,
'푸른솔'

암호를 받다

드디어 왔다. 2018년 8월 22일, 문재인 대통령의 교황청 순방 행사의 암호가 하달된 것이다. 푸른솔! 문 대통령 관련 행사를 준비할 때 명칭을 '푸른솔'로 하라는 외교부의 지침이었다. 막상 암호명을 받고 보니 긴장감이 더 커졌다. 그날따라 대사관을 지켜주고 있는 '푸른 소나무' 두 그루가 더 듬직해 보였다.

주교황청 대사관의 공관(대사 사무실)과 관저는 한 울타리에 있어 관저를 방문하는 손님들은 공관 마당에 어깨동무하듯 정겹게 서 있는 두 그루의 푸른 소나무를 마주하게 된다. 한국 소나무와는 자태가 다른 로마 우산소나무 Pinus pinea다. 나무 윗동이 마치 우산을 펼쳐놓은 듯한 모양이어서 붙여진 이름이다. 옛날 로마 병사들이 행군 중에 이 소나무 그늘에서 휴식을 취했다고 한다. 로마 사람들이 우산소나무를 보며 고대 로마의 영광을 떠올릴 만큼 로마를 상징하는 나무다. 그러나 내가 보기에는 어쨌든 푸른 솔이다! 일송정 푸른 솔이 연상되기도 하고, 남산 위의 소나무가 떠오르기도 했다. 안치환의 노래 〈솔아! 푸르른 솔아〉도 생각났다. 학처럼 고고하고 품위 있는 모습의 푸른 솔 두 그루! 둘은 어떤 관계일까. 견우와 직녀? 남한과 북한? 한국과 교황청? 미국과 북한? '푸른솔'이라는 암호를 받아들고 온갖 생각이 달음질쳤다.

황홀한 꿈, 교황과의 만찬은 가능할까

정상회담 행사의 꽃은 역시 저녁 식사, 만찬 회동이다. 정상'회담'은 국가적인 현안을 놓고 공식적인 논의를 하는 자리이기에 긴장감이 감돌 수밖에 없지만, 정상회담 전후에 진행되는 '만찬'은 음식을 들면서 담소를 나누며 우의를 다지는 데 목적이 있어 화기애애하다. 회담장에는 서류뭉치가 깔려 있지만, 만찬장에는 와인 잔이 놓여 있다. 분위기가 다를 수밖에 없다. 정상회담을 아무리 잘했다 하더라도 만찬이 수반되지 않으면 2% 부족한 느낌을 받게 된다. 한국과 미국의 대통령이 만찬장에서 환한 미소를 지으며 와인 잔을 부딪치는 모습이 TV에 비칠 때 얼마나 멋있던가! 문재인 대통령과 프란치스코 교황이 관저(대사 사택)에서 만찬을 하는 모습을 그려보았다. 당연히 대사인 나도 참여한다. 대통령님과 교황님을 모시고 식사를 하다니, 정말 꿈같은 이야기다. 주교황청 대사관 관저에서 그 꿈을 실현할 수 있을까? 생각만 해도 설레었다.

주교황청 대사관 관저는 만찬을 하기에 안성맞춤이다. 관저에는 예술적 서사가 있고, 문 대통령에게는 개인적 추억이 있다. 관저는 이탈리아가 자랑하는 초현실주의 화가 조르조 데 키리코 Giorgio de Chirico가 작품 활동을 했던 공간이다. 그림을 좀 아는 손님에게 이 이야기를 해주면 깜짝 놀란다. 조르조 데 키리코의 유물로는 그가 쓰던 거울 하나밖에 없지만 관저 3층 꼭대기 층에는 그의 화실이 보존되어 있다. 한때 이곳에서 많은 문화인이 예술을 이야기하며 인생을 논했으리라. 문 대통령은 노무현 정부 시절 잠깐의 휴직기에 이곳 관저 3층 손님방에서 쉬면서 피정을 한 적이 있어 남다른 감회가 있을 것이다. 관저 벽감에는 '조선의 성모' 조각상이 모셔져 있다. 한국의 조각가(오채현)가 한국산 자연석을 소재로 조각한 이 성물은 한복을 입은 성모님이 아기 예수님을 등에 업고 물동이를 머리에 이고 있는 모습이다. 관저를 찾는 외국 손님들은 생전 처음 보는 '조선의 성모' 앞에서 감탄사를 연발한다.

청와대, "김정은 의사를 전달할 것"

2018년 10월 9일, 김의겸 청와대 대변인이 문재인 대통령의 유럽 순방 일정(2018년 10월 13~21일)을 공식 발표하며 교황 면담 계획도 밝혔다. "문 대통령은 17~18일 중에 교황청을 방문할 예정이다. 프란치스코 교황을 만나 김정은 국무위원장의 교황 방북 초청 의사를 전달할 것이다." 앞서 김정은 위원장은 평양 남북정상회담 때 문 대통령에게 "프란치스코 교황님이 평양을 방문하시면 열렬히 환영하겠다"고 초청 의사를 밝혔다. 이후 프란치스코 교황의 방북 프로젝트가 '푸른솔'이라는 모자를 쓰고 세상에 모습을 드러내면서 특임대사에게 주어진 비공식 미션이 공식 미션으로 전환된 것이다.

난해한 퍼즐이 맞춰지기 시작했다. 프란치스코 교황은 2018년 2월 한국 정부 당국자(이백만 대사)에게 방북 의사를 처음으로 공식 표명했고, 이백만 대사는 이를 외교부와 청와대에 공식 보고했다. 김정은 국무위원장은 같은 해 9월 문재인 대통령에게 교황의 방북 초청 의사를 밝혔다. 만남의 당사자인 프란치스코 교황과 김 위원장이 '간접적으로' 의견 일치를 이룬 것이다. 중재자인 문 대통령이 두 분을 직접 연결해주는 절차만 남아 있었다. 구슬이 서 말이라도 꿰어야 보배라는 속담이 있다. 이젠 구슬을 꿰는 일만 남았다.

아침 출근할 때의 루틴이 나도 모르게 '푸른솔' 행사의 일부분이 되어버렸다. 관저에서 공관까지의 거리가 몇 발짝 되지 않기에 항상 공관 마당의 푸른 소나무 두 그루를 쳐다보며 관저를 나섰다. 그리고 푸른솔 행사의 성공적인 추진을 다짐했다. 그다음 관저 벽감의 성모님에게 기도했다. 정상 만찬이 꼭 관저에서 이루어지도록!

프란치스코 교황이 관저를 찾아 '조선의 성모'를 뵙게 된다면 얼마나 좋아할까. 역대 교황 가운데 프란치스코 교황만큼 성모님을 사랑하고 공경하는 분도 드물다. 프란치스코 교황은 외국 순방을 나갈 때마다 산타 마리아 마조레 대성전에 들러 이곳에 모셔져 있는 성모님에게 '출국 기도'를 드리고, 순방을 마치고 귀국할 때에도 공항에서 이 대성전으로 직행하여 '귀국 기도'를 드릴 정도다.

교황, "점심시간에 만나자!"

절체절명의 위기였다. 도저히 접점을 찾을 수 없었다. 교황청에서 제시한 날짜와 청와대에서 발표한 일정이 맞지 않았다. 교집합이 전혀 없었다. 청와대는 2018년 10월 17~18일에 로마(교황청)에 오겠다고 하고, 교황청은 20일에 만나자고 했다. 청와대가 공식 발표한 문 대통령의 유럽 순방 일정은 15~16일 프랑스, 17~18일 이탈리아와 교황청, 20일 덴마크였다. 옴짝달싹할 여지가 없었다. 외교부와 청와대 관계자들은 대통령이 바티칸에 가면 교황이 아무 때나 만나줄 것으로 쉽게 생각했는지, 교황청과 사전 협의도 하지 않고 교황 면담 일정을 일방적으로 정해 통보했다. 주교황청 대사인 나에게 문의 한마디 없었다. 교황청 외교에 대한 무지에서 비롯된 일이었다.

문제는 대통령의 로마 방문 기간이 교황청의 세계주교대의원회의(시노드 Synod) 기간과 겹친다는 점이었다. 시노드는 교황이 전 세계 주교들을 불러 모아 의견을 직접 청취하는 고위 자문회의다. 프란치스코 교황이 3년 전에 미리 소집한 '2018년 시노드'는 10월 3~28일 4주간 열리는데 300여 명의 주교와 추기경이 참석할 예정이었다. 교황청 관계자는 "프란치스코 교황이 모든 회의에 직접 임석하시기로 했다. 따라서 시노드 기간에는 외부 인사를 만날 수 없다"고 속사정을 털어놓았다. 이 세상 어느 누가 교황의 일정을 수정할 수 있겠는가. 문 대통령의 교황 면담을 주선해야 할 주재국 대사에게는 청천벽력과 같은 이야기였다. 문 대통령이 로마를 방문하는 진짜 목적은 프란치스코 교황 면담인데, 그리고 문 대통령이 교황을 직접 만나야 '특임대사의 미션'이 추진될 수 있는데 두 분의 만남이 불발되면 모든 노력이 물거품이 되고 말 것 아닌가. 문 대통령이 한가하게 바티칸 순례나 하고 돌아갈 수는 없는 노릇이었다.

바티칸의 관료주의와 '금낭묘계'

무조건 이 난국을 돌파해야 한다! 바티칸의 생리를 잘 아는 지인의 조언이 생각났다. 큰 어려움에 직면했을 때 참고하라며 들려준 지혜였다. 《삼국지》에 나오는 제갈공명의 금낭묘계錦囊妙計가 이런 것일까. 하나는 읍소 작전이고 다른 하나는 바티칸의 전화 교환실 활용이다. 읍소 작전은 이랬다. "바티칸의 관료주의는 유명하다. 가톨릭 사제 특유의 약한 고리를 건드려야 한다. 그것은 바로 측은지심이다. 사제들의 마음속에 내재되어 있는 측은지심을 자극해야 관료주의의 벽을 허물 수 있다. 성경에도 '문을 두드리라'고 했고 우리 속담에도 '우는 아이 젖 준다'는 말이 있다. 그러니 울면서 문을 두드려야 한다." 교환실 활용 작전은 이랬다. "바티칸의 교환실은 성과 속을 연결해주는 중요한 통로다. 교환실에서 20년 넘게 사도직을 수행하고 있는 한국 수녀님이 있다. 교황청 주요 사제의 동향을 잘 알고 있는 분이다. 사제들도 교환실 수녀님들을 절대 무시하지 못한다. 정말 어려울 때 그 수녀님을 통하면 문제가 풀릴 수 있다."

금낭묘계를 쓸 때가 되었다. 기자 생활을 오래한 탓인지 몸으로 때우는 일은 자신 있다. 체면도 논리도 따질 계제가 아니었다. 교황만 빼놓고 거의 다 찾아갔다 할 정도로 많은 사제를 만나 읍소했다. 두 번 세 번 만난 분들도 적지 않다.

독일대사관에서 리셉션이 있던 날이었다. 아내와 둘이서

참석했다. 마침 갈라거 외교장관이 와 있었다. 다시 읍소했다. "10월 20일은 절대로 불가능하다. 우리 대통령이 20일 덴마크 P4G 회의에서 기조연설을 하게 되어 있다. 17일, 18일 양일간 좋은 시간대에 교황님을 알현할 수 있도록 해달라." 갈라거 장관의 입장에는 변화가 없었다. "나 혼자 결정할 문제가 아니지 않느냐. 교황님이 결정해놓은 날짜를 누가 조정할 수 있겠나." 나는 더 강경하게 나갔다. "장관님이 잘 알다시피 나는 문 대통령 특임대사로 이곳에 왔다. 문 대통령에게는 한반도 평화 프로세스라는 중요한 현안이 있다. 만약 우리 대통령의 교황 알현이 성사되지 않는다면 나는 당장 보따리를 싸야 할 처지다. 내가 이곳에 있어야 할 이유가 없다." 옆에 있던 아내까지 간절하게 거들자 갈라거 장관의 표정이 달라지기 시작했다. "시도해보겠다!I will try!"라고 몇 번 말했다. 시도해보겠다고? 이전에는 이런 말을 한 적이 없었는데…. 읍소 작전이 통했나? 희망이 보이기 시작했다.

그래도 마음을 놓을 수 없었다. 이 상황을 돌파하기 위해 만나야 할 사람은 거의 다 만났지만 아직 한 사람을 만나지 못했다. 바티칸에도 '문고리'가 있다. 문고리의 헤드 격인 게오르크 갠스바인Georg Gänswein 비서실장 대주교! 만나기도 어려웠고 전화도 쉽지 않았다. 갈라거 외교장관이 면담 날짜를 수

정하자고 할 때 반대할 수도 있는 인물이다. 미리 설명해놓을 필요가 있었다. 급하게 교환실의 차 글라라 수녀(스승예수의제자수녀회)에게 SOS를 보냈다. 글라라 수녀는 갠스바인 비서실장이 있는 위치와 전화번호를 알려주면서 연락해보라고 했다. 아, 얼마나 고마웠는지! 독일 출신 갠스바인 비서실장은 업무 중에는 프란치스코 교황을 모시고, 업무가 끝나면 바티칸 정원 안의 수도원에 머물고 있던 베네딕토 16세 은퇴 교황을 돌봤다. 간절함이 통했던 걸까? 마침 갠스바인 비서실장은 수도원에 있었다. 통화가 드디어 성사된 것이다!

지성이면 감천이라고 했던가. 2018년 6월 30일 토요일 오전, 마음씨 좋은 조셉 머피 Joseph Murphy 의전장이 명랑한 목소리로 전화를 했다. "대사님, 굿뉴스가 있습니다!" 문 대통령의 교황 면담 일정이 10월 17일 오전 9시로 잡혔다는 내용이었다. "아, 살았다!" 알렐루야! 원더풀! 절로 흥이 났다. 하느님 감사합니다! 갈라거 외교장관을 만나 통사정을 한 지 10일, 갠스바인 비서실장과 통화한 지 딱 1주일 뒤였다. 면담 예정일인 10월 17일은 수요일이었다. 교황은 매주 수요일 오전 베드로 광장에서 순례자들을 대상으로 일반알현을 하는데, 일반알현 행사 직전 20~30분 정도 시간을 내주기로 한 것이다. 최선은 아니었지만 이만큼이라도 어딘가. 외교부 본부와 청와대에

즉각 보고했다. 미국 트럼프 대통령도 2017년 5월 24일 수요일 일반알현 직전에 프란치스코 교황을 면담한 적이 있다. 교황청은 문 대통령에게도 트럼프와 똑같은 예우를 해주겠다는 것이었다. 역시 프란치스코 교황님이시다. 막판에 이렇게 큰 결단을 해주시다니!

교황이 일반알현을 하는 날에는 외부 VIP를 만나지 않는 게 교황청의 전통이다. 오스트리아의 클로스^{Kloss} 대사가 어느 모임에서 나에게 이런 말을 하면서 매우 부러워하는 눈치였다. "이 대사님, 운이 좋았습니다. 일반알현하는 날 교황 면담? 매우 예외적인 케이스입니다. 지난해에는 미국이라서 가능했겠지요. 그런데 한국도?"

교황의 결단, 대통령 면담 날짜 확정

7월 4일 오전, 이탈리아어 공부를 하고 있을 때였다. 머피 의전장이 긴급히 할 이야기가 있다며 바티칸에 좀 올 수 없느냐고 물었다. 가야지! 때가 때인지라, 의전장이 보자 하면 두말없이 달려가야 했다. 박수덕 공사와 함께 그를 만났다. 머피 의전장은 좀 미안한 표정을 지으면서 말했다. "문 대통령님이 교황님을 10월 18일 12시에 만날 수 있을까요? 점심시간인데…" 갑자기 왜 이런 말씀을 하시느냐고 물었다. "교황님이 문 대통령과의 면담 시간이 너무 짧다면서 이런 제안을 하셨는데, 대사님 의견은 어떠신가요? 점심때 만나면 한 시간 이상 이야기할 수 있지 않겠습니까?" 이 제안이야말로 불감청 고소원이 아니고 무엇이겠는가! 나는 즉석에서 오케이라고 확답을 했고, 외교부 본부와 청와대에 교황 면담 수정안을 즉각 보고했다. 모두 좋다며 환영했다.

프란치스코 교황이 최종 결재를 하면서 큰 결단을 했다는 걸 나중에 알게 되었다. "사정은 잘 알겠는데⋯. 나는 문재인 대통령과 많은 이야기를 하고 싶다. 일반알현 전에 잠깐 만나 무슨 말을 얼마나 할 수 있겠나. 18일 점심때 보면 어떻겠는가? 한번 타진해보라." 18일 오전과 오후에는 시노드 회의가 예정되어 있었던 터라 그나마 두 분이서 길게 대화를 나눌 수 있는 시간은 점심시간밖에 없다고 생각한 것이다. 브라보! 프란치스코 교황이 점심시간과 휴식 시간을 희생한 덕분에 성사된 면담이었다.

나는 문 대통령이 10월 18일 오전 교황 면담을 위해 바티칸으로 출발하기 전 호텔 임시 집무실에서 간단히 보고를 드렸다. "교황님께서 충분한 이야기를 나누고 싶어 하시니 시간에 구애받지 마시고 말씀을 하시라"고! 이렇게 하여 푸른솔 행사 준비는 큰 고비를 넘길 수 있었다. 사실은 이때 이미 대박의 조짐이 보였다.

　　머피 의전장이 큰 역할을 했다. 바티칸 내부의 움직임을 제때 알려준 덕분에 일이 잘 풀렸다. 아일랜드 출신의 머피 의전장과는 목포가 인연이 되어 가깝게 지냈다. '목포'라는 발음을 아주 자연스럽게 할 정도로 그는 목포를 잘 알고 있었다. 외할머니의 남동생이 성골롬반외방선교회 신부였는데, 한국에 파견되어 주로 목포 지역에서 선교 활동을 해서 어렸을 때부터 목포 이야기를 많이 들었다고 했다. 내 고향이 목포 인근의 섬(진도)이어서 목포를 잘 안다고 했더니 무척 좋아했다. 머피 의전장은 나를 더 도와주지 못해 미안해할 정도로 지원을 아끼지 않았다.

남북 태권도 합동공연

애간장이 녹아내렸다. 엎치락뒤치락, 반전에 또 반전! 결국 산통이 깨지고 말았다. 남북한 태권도시범단 합동공연 이야기다.

2018년 5월 9일 수요일, 놀라운 낭보였다. 세계태권도연맹 WT 조정원 총재와 국제태권도연맹 ITF 리용선 총재가 남북한 태권도 시범단의 바티칸 합동공연에 합의했다는 소식을 이탈리아태권도협회 FITA 의 안젤로 치토 Angelo Cito 회장이 전해준 것이다. "5월 30일 수요일 오전 베드로 광장에서 프란치스코 교황이 일반알현을 할 때 WT와 ITF의 선수들이 약 10분간 합동 시범공연을 하기로 합의했다. 교황청 협조가 반드시 필요하다. 이백만 대사께서 잘 해결해달라." 불감청 고소원! 이런 일 하라고 내가 이곳에 와 있는데, 당연히 해야지! 뉴스로만 봤던 남북 사업을 내가 로마에서 주관하게 되다니!

태권도는 하나지만 세계 기구는 WT와 ITF로 나뉘어 있다. WT와 ITF는 각각 남한과 북한이 주도하고 있고, 총재도 각각 남한과 북한이 맡고 있다. 태권도의 원리는 같지만, 주요 동작과 용어, 경기 규칙 등은 많이 다르다. WT와 ITF의 양분은 남북한 체제 경쟁의 산물이다. 평창동계올림픽을 계기로 서울과 평양에서 남북한 태권도 시범단 합동공연이 열렸다. 남에서도 북에서도 많은 박수를 받았다. 교황청 대표로 올림픽에 참가했던 산체스 데 토카 몬시뇰(스포츠 담당)이 서울에서 시범공연을 보고 큰 감동을 받아 바티칸 공연을 남북 양측에 제안했고 드디어 성사된 것이다. 아, 얼마나 감격스러운 일인가! 택일이 절묘했다. 교황은 매주 수요일 오전에만 일반알현을 하고, 2018년 월드 태권도 그랑프리는 2018년 6월 1~3일 로마에서 열릴 예정이었으니 '5월 30일 수요일 오전'은 최적의 유일한 선택지였다.

베드로 광장에서 남북한 스포츠 이벤트?

한반도에는 '평화의 봄'이 한창 무르익어 가고 있었다. 판문점 남북정상회담(1차)이 성공적으로 끝났고, 역사상 최초의 북미정상회담(싱가포르)도 눈앞에 다가와 있었다. 서울과 평양과 워싱턴, 세 곳에서 한반도 평화 프로세스가 빠른 속도로 진행되는 상황이었다.

태권도 행사 준비에 박차를 가했다. 세계 각국의 순례자들로 가득 찬 베드로 광장에서 프란치스코 교황을 앞에 모시고 남북한 태권도 선수들이 합동공연을 한다? 시쳇말로 대박이다. 대박! 한국 언론은 물론이고 CNN, BBC 등 세계 유수 언론들이 대서특필할 사건 아닌가. 남북한 태권도 선수들의 합동공연은 태권도라는 특정 스포츠 행사를 넘어 한민족의 하나된 모습을 세계만방에 알릴 빅 이벤트였다. 교황청이 반대할 이유는 전혀 없었다. 당초 산체스 데 토카 몬시뇰이 아이디어를 낸 행사인 데다 프란치스코 교황도 신임장 제정식 후 가진 독대에서 나에게 좋은 기획이라고 말했기 때문이다.

물실호기勿失好機! 이 좋은 기회를 그냥 놓칠 수 없었다. 역사적 사건 아닌가! 남북한 선수단이 시범공연을 한 후 대사관 마당에서 저녁 식사를 함께 하는 야외 리셉션을 준비했다. 무쇠도 녹일 나이의 젊은 청춘들, 이탈리아의 맛있는 쇠고기를 양껏 먹게 해줘야지! 참석자는 남북한 선수단과 이탈리아태권도협회 관계자들로 정하고, 가능하면 주이탈리아 북한대사관의 외교관들과 미국 대사 부부도 초대할 계획을 세웠다. 태극기, 인공기, 한반도기, 교황청기, 성조기 등 국기를 나란히 게양하여 분위기를 띄우는 방안도 추진했다.

    호사다마好事多魔였을까. 좋은 일에는 꼭 마가 낀다 하더니, 2018년 5월 25일 비보가 날아왔다. 북한 측에서 시범경기에 참가할 수 없다고 공식 통보를 해온 것이다. 이게 무슨 날벼락인가. 모든 준비가 물거품이 되고 말았다. 허망했다. 허탈감과 좌절감에 하늘이 노랗게 보였다. 나중에 생각해보니 북미정상회담과 연관이 있었던 것 같았다. 미국 트럼프 대통령은 5월 24일 갑자기 북미정상회담을 취소하겠다고 발표했다. 북한의 김정은 국무위원장이 혼비백산했을 것이다. 이 마당에 바티칸에서 남북한 태권도 시범경기를 한다는 게 어울리지 않는다는 판단을 평양 당국이 한 게 아닐까 하는 생각이 들었다. 충분히 이해할 수 있었다.

    기사회생起死回生, 대반전이 일어났다. 김정은 위원장이 문재인 대통령에게 SOS를 쳤고, 문 대통령의 중재로 북미정상회담이 살아났다. 미국 백악관은 5월 27일 북미정상회담 재추진을 공식 발표했다. 그렇다면 남북한 태권도 합동공연도 되살려야 하는 것 아닌가! 남측 WT가 북측 ITF에 재추진을 타진했다. 예상이 적중했다. 5월 27일 일요일, ITF로부터 "비자 문제만 해결되면 시범경기를 할 수 있다"는 메시지를 받았다. 북미정상회담이 다시 활기를 띠면서 남북한 태권도 합동공연도 기대할 수 있게 된 것이다. ITF는 "평양에 있는 선수단이 베이징을 경유하여 5월 29일 로마에 도착할 예정이니 비자를 받게 해달라"고 구체적으로 요구했다. 비자 발급에 필요한 선수단의 사진과 여권 사본 등을 PDF 파일로 보내주었다. 선수단은 선수, 임원, 주치의 등 모두 34명이었다.

주교황청 한국대사관이 바빠졌다. 이탈리아 외교부 공무원을 일요일에 무슨 수로 움직이게 하지? 하늘이 무너져도 솟아날 구멍은 있다고 했다. 주교황청 한국대사관이 이탈리아 외교부와 직접 소통할 수 있는 방법을 찾았다. 원칙적으로는 '직거래'를 하면 안 된다. 교황청과 이탈리아는 같은 땅덩어리에 있지만 엄연히 다른 나라다. 주교황청 한국대사관이 이탈리아 외교부에서 처리할 민원이 있을 경우, 주이탈리아 한국대사관이나 주교황청 이탈리아대사관을 통해 간접적으로 업무 추진을 해야 한다. 그러나 그런 원칙을 따질 계제가 아니었다. 분초를 다투는 긴급한 일이어서 자칫 실기할 수가 있었다.

실무에 능한 박수덕 공사가 발 벗고 나섰다. 최종현 주이탈리아 대사의 양해를 받아 이탈리아 외교부와 직접 접촉을 시도한 것이다. 박 공사는 일요일에 쉬고 있던 이탈리아 외교부의 사증 담당 책임자인 줄리오 델 페데리코 Giulio del Federico 서기관을 설득하는 데 성공했다. 남북한 태권도 시범공연의 역사적·정치적 의미를 설명하고 비자 발급을 앙청했다. 주이탈리아 대사관의 최종현 대사와 나원창 공사의 측면 지원도 주효했다. '관료주의의 화신'이라 불리는 이탈리아 외교부 공무원이 움직였다. 베이징의 주중 이탈리아대사관에 긴급하게 연락해 북한 선수단에게 비자 발급을 해주도록 조치해주었다. 여의치 않을 경우 로마 다빈치 공항에서 도착비자도 줄 수 있다고 약속했다. 이 당국자는 이런 조치를 이메일로 공식 확인해주었다. 박 공사는 이탈리아 외교부 당국자 이메일을 ITF로 보냈다. 군사작전을 방불케 한 속도전으로 비자 문제가 가까스로 해결되었다. 이젠 북한 선수단이 로마에 오는 문제만 남았다.

북한은 결국 오지 않았다!

화불단행禍不單行! 불행은 하나로 그치지 않고 잇따라 온다고 했던가. 호사다마의 어두운 그림자가 다시 드리워졌다. ITF는 이탈리아 외교부의 공한을 요구했다. 비자를 발급해주겠다는 공식문서 없이는 선수단이 북한에서 출국할 수 없다는 통보였다. 일요일에 공식문서를 만들어달라고?

이 요구는 무리였다. 평일이라도 비자 발급을 공식문서로 약속한 사례가 없다는 게 이탈리아 외교부 입장이었다. 사증 담당자의 이메일이 최고 수준의 조치라는 것이다. 베이징의 주중 이탈리아대사관은 비자 발급을 이미 내부적으로 승인해놓고 북한 선수단이 오기만을 기다리고 있었는데도, ITF는 고집을 꺾지 않았다. 우리는 이탈리아 외교부에 더 이상을 부탁할 수 없었다. 결국 남북한 태권도 합동공연은 물거품이 되고 말았다.

이가 없으면 잇몸으로! ITF 선수단은 오지 못하게 되었으니, ITF 임원이라도 오게 하자! ITF 본부가 오스트리아 빈에 있기 때문에 본부에 상근하고 있는 리용선 총재와 김승환 사무총장은 마음만 먹으면 로마행 비행기를 탈 수 있었다. WT의 김일출 사무처장이 ITF의 김승환 사무총장과 접촉했다. 김 총장은 "5월 30일 새벽 로마에 도착해 행사에 참석하겠다"고 약속했다. 그나마 다행이라고 생각했다. ITF 임원 참석을 위한 공항 입출국 의전과 교황청 관계자들과의 면담 등 모든 준비를 다 해놓았다. 그러나 ITF는 이 약속 또한 애매한 이유를 들어 막판에 불참을 통보했다. 평양의 허락이 떨어지지 않은 것 같았다. 모두가 허탈감에 빠졌고, WT 선수들만 시범공연을 했다. 결과적으로 반쪽 공연이 되고 만 것이다. 견우와 직

남한 태권도 선수들이 교황 앞에서 태권도 시범을 보이고 있다.

녀가 오작교에서 극적으로 만나 사랑을 나눈 것처럼 남북한 젊은이들이 주교황청 대사관의 '푸른 솔' 아래 앉아 즐거운 파티를 할 줄 알았는데, 훗날의 꿈이 되고 말았다.

　WT의 조정원 총재와 김일출 사무처장, ITF의 리용선 총재와 김승환 사무총장, FITA의 안젤로 치토 회장과 박영길 명예회장, 교황청의 산체스 데 토카 몬시뇰, 주이탈리아 대사관 최종현 대사와 나원창 공사, 이탈리아 외교부 페데리코 서기관, 주교황청 대사관 박수덕 공사 모두가 한 팀이 되어 불철주야 뛰었는데 열매를 맺지 못했다. 정말 수고 많았다! 비록 행사는 불발되었지만 합동공연에 대한 ITF의 의지는 확인할 수 있었다.

대사관의 다국적 드림팀

푸른솔 행사의 가닥이 거의 다 잡혔다. 디데이인 10월 18일을 기준 삼아, 역순으로 준비 상황을 날마다 체크해나갔다.

9월 17일 월요일, 디데이 한 달 전 시점에 청와대 외교안보실 비서관이 장문의 카톡 메시지를 보내왔다. 메시지의 중점 내용은 "푸른솔 행사의 교황청 일정과 관련하여 이백만 대사의 요청 사항을 모두 수용했으니 차질 없도록 준비하시라"였다. 외교부 본부에서도 같은 취지의 전문을 보내주었다. 아, 이제 나만 잘하면 되겠구나! 덜컥 겁이 나기도 했다. "호랑이 등에 올라탔다"는 말이 떠올랐다. 꼭 그런 기분이었다. 그러나 못할 것도 없다는 자신감이 있었다. 과거 청와대에서 일했던 경험이 큰 힘이 되었다.

주교황청 대사관이 준비해야 할 3대 행사는 ① 한반도 평화를 위한 특별미사(베드로 대성전, 10월 17일 오후), ② 정상 만찬(관저, 10월 17일 저녁), ③ 문재인 대통령의 프란치스코 교황 면담과 피에트로 파롤린 Pietro Parolin 국무원장 추기경과의 회담(바티칸 사도궁, 10월 18일 정오) 등이었다. 그런데 졸지에 주이탈리아 대사관이 '유탄'을 맞았다. 주이탈리아 대사관과 주이탈리아 한인회가 심혈을 기울여 준비했던 한국-이탈리아 비즈니스 포럼과 동포 간담회 등 주요 행사가 교황청 일정 때문에 대거 취소된 것이다. 두 행사 모두 문 대통령이 참석하여 기조연설을 할 예정이었다. 최종현 주이탈리아 대사와 최병일 주이탈리아 한인회장에게 어찌나 미안하던지 몸 둘 바를 모를 지경이었다.

직원들의 팀워크가 중요했다. 주교황청 대사관은 외교관 3명의 '미니 공관'이다. 외교관 말고도 8명의 인력이 더 있었다. 행정요원 3명, 운전기사 2명, 셰프 1명, 가드너 1명, 미화원 1명. 외교관과 일반 직원을 모두 합치면 11명으로 축구 한 팀 규모였다. 여기에 비공식 열외 인력인 '대사 부인' 박 여사까지 포함하면 가용 인력이 12명이었다. 이들의 출신 국가는 한국, 이탈리아, 스리랑카, 베트남 등 4개국으로 다국적 외인부대라 할 수 있었다. 적은 인력으로 많은 일을 해야 할 때는 팀워크가 관건이다. 다행히 대사관 직원들 모두 아주 잘 훈련된 유능한 인재들이었다. 내가 인복이 있구나 하는 생각이 들 정도로!

4개국 12명의 용사들이 뭉쳤다

12명의 일당백 용사! 이들이 있는데 못할 것이 없었다. 매일 전쟁을 치르듯 행사 준비를 해나갔다. 우리는 대사관 인력 전원이 투입된 '다국적 드림팀'이 되어 본격 시동을 걸었다. 모두 본업(고유 보직) 외에 한두 가지의 특별 임무를 더 짊어졌다. 대사관 차석인 권혁운 공사(박수덕 공사 후임)가 실무를 총괄 지휘했다. 외무고시 출신의 권 공사는 프랑스와 이탈리아 등 유럽 외교 무대에서 오랫동안 활약한 베테랑 외교관이었다. 대사관 총무인 남현숙 서기관은 동국대 연극영화과를 나온 영화감독 지망생이었으나 뜻한 바 있어 외교관이 된 특이한 경력의 소유자답게 남다른 기획력을 발휘했다. 남 서기관은 퍼스트레이디 김정숙 여사의 동선을 전담했다. 행정요원들도 저마다 확실한 주특기를 갖고 있었다. 25년 근속의 이탈리아 비서 플라미니아Flaminia는 경찰서와 구청 등 이탈리아 행정기관에 대한 섭외를 맡았다. 막내 여직원인 로리Lori는 플라미니아의 조수 역할을 충실히 해냈다. 한국어와 이탈리아어에 능통한 이탈리아 교민 곽재은 실무관은 한국에서 출장 온 사람들과 현지인 사이에서 중간다리 역할을 잘해주었다. 대사관 요리사 경력 15년의 베테랑 강성자 셰프는 일류 호텔 못지않은 수준의 음식을 만들어냈다. 주방 업무가 폭증한 관계로 구선영 실무관(가드너)을 전속 배치하여 강 셰프를 돕도록 했다. 스리랑카 출신의 운전기사 쿠마라 Kumara와 로한 Rohan도 손님 안내와 비디오 촬영 등을 담당했다. 베트남 출신의 호아레 Hoa Le는 공관과 관저의 환경 미화를 똑소리 나게 했다. 열외 직원인 아내 박 여사도 한몫을 톡톡히 했다. 교황청 외교단에는 대사 부인들의 친목 모임인 VAWA Vatican Ambassadors Wife Association가 있다. VAWA는 멤버가 여성인 데다 대부분 같은 종교(가톨릭)를 갖고 있어서 그런지 무척 활성화되어 있다. 아내는 VAWA를 통해 외국 대사관과의 협조 문제를 꼼꼼히 챙겨주었다. 주불가리아 대사관에서 파견된 지형인 참사관(현 시애틀 총영사관 부총영사)은 약 1개월간 권 공사를 지원했다. 모두가 강한 사명감을 갖고 자기 몫을 100% 이상 해냈다.

만찬 행사 준비 과정에서 가장 인상에 남아 있는 장면은 청와대 경호처 소속 여성 검식관의 표정과 멘트다. 만찬상에 올라갈 음식을 미리 먹어본 다음 좀 익살스러운 표정을 지으며 이런 말을 했다. "최고입니다. 호텔보다 나아요!" 강 셰프와 나는 그 한마디에 '휴~' 하며 가슴을 쓸어내렸다. 푸른솔 행사의 주요 업무는 청와대와 외교부가 주관했고 주교황청 대사관은 현지 지원 업무를 수행했지만 어떤 사고도 없었고 어떤 지적도 받지 않았다. 칭찬의 말들만 들려왔다. 현장 책임자로서 '다국적 드림팀'에 대해 평점을 매긴다면 A+였다.

문 대통령 전용기가 로마를 떠난 후 드림팀 해단식 겸 자축연을 열었다. 내가 이탈리아어로 "페르페토 Perfetto!" 하고 외치자 모두들 환호하며 따라 했다. 다시 영어로 "퍼펙트 Perfect!"라고 하자 소리 높여 함께 외쳤다. 행사 준비와 과정은 물론 마지막까지 함께하며 서로를 응원한 다국적 드림팀의 완벽한 미션 수행이었다.

죽었던 '만찬'이 살아났다!

'만찬 불추진'이라니! 이게 무슨 뚱딴지같은 소리인가.

대통령 만찬 행사를 신나게 준비하고 있었다. 외교부 본부와 교황청으로부터 모두 사전 동의를 받아냈음은 물론이다. 그런데 2018년 9월 7일 외교부 본부에서 '대통령 만찬 불추진'이라는 제목의 공문을 보내 만찬 행사를 취소하라는 훈령을 내린 것이다. 마른하늘에 날벼락이 떨어진 꼴이었다. 정말 황당하기 짝이 없었다.

교황청의 '식사 외교'는 세속 국가의 행사와 다르다. 모르는 척하고 머피 의전장에게 슬며시 물어봤다. "문재인 대통령과 프란치스코 교황이 만찬 한번 할 수 있을까요?" 머피 의전장은 그걸 몰라서 묻느냐는 식으로 웃기만 했다. 순간 나는 '셀프 바보', '무식한 대사'가 되고 말았다. 교황과의 만찬은 꿈속에서나 가능하다! 만찬이든, 오찬이든, 조찬이든 교황은 외부 VIP와 식사를 하지 않는다. 아주아주 특별한 경우를 제외하고는! 더구나 대통령이나 국회의원과 같은 정치인, 기업인과 재벌 총수 등과 같은 재력가는 어림도 없다. 교황은 장애인, 난민, 홈리스 등과 같은 사회적 약자나 어려운 사람들과 종종 식사를 함께 한다. 정상외교 차원에서 이루어지는 만찬이나 오찬에는 교황 대신 국무원장이 나간다. 국무원장은 교황청 2인자로 행정수반 역할을 하고 있다. 한국의 국무총리에 해당하는 자리다. 노무현 대통령이 2007년 2월 베네딕토 16세 교황과 면담했을 때도, 마크롱 프랑스 대통령이 2018년 6월 프란치스코 교황을 만났을 때도 국무원장이 오찬을 함께 했다.

문재인 대통령은 교황 면담에 하루 앞서 10월 17일 오후 베드로 대성전에서 '한반도 평화를 위한 특별미사'를 드린 후 관저로 이동, 파롤린 국무원장과 만찬을 할 예정이었다.

교황청 국무원장으로부터 만찬에 참석하겠다는 응답까지 받아놓은 상태에서 만찬 행사를 취소하라고? 그건 아니었다. 일반 사가에서도 식사 초대를 정식으로 해놓은 상황에서 특별한 이유 없이 일방적으로 약속을 취소하면 큰 결례가 된다. 하물며 국가 정상외교 행사에서, 더구나 의전을 중시하는 종교국가의 고위 성직자에게 일방적 취소라니 큰일도 이런 큰일이 없었다. 대통령 만찬 행사를 꼭 살려내야 했다.

시간이 급했다. 청와대가 대통령 순방 세부 일정을 확정하여 발표해버리면 끝이다. 외교부 본부와 청와대에 항의성 공문을 보내 만찬 행사를 원안대로 추진하도록 해달라고 앙청했다. 그리고 청와대의 주요 관계자들에게 전화도 하고 카톡도 보냈다. 체면이고 뭐고 없었다. 나는 이렇게 말했다. "프란치스코 교황은 문 대통령의 한반도 평화 프로세스를 강력히 지지해주고 있고, 몸소 방북하여 김정은 위원장을 만날 계획까지 갖고 있다. 특히 교황께서 문 대통령과 충분한 이야기를 하고 싶다며 점심시간을 할애하여 면담하는 배려까지 해주셨다. 이렇게 분위기가 좋은데, 교황청과 만찬 약속을 해놓고 일방적으로 취소하는 결례를 범해서야 되겠느냐. 이러면 문 대통령이 오셔도 환영을 제대로 받을 수 있을지 걱정이 된다. 만찬 약속 번복은 교황에 대한 예의가 아니다."

임종석 청와대 비서실장이 키를 쥐고 있었다. 임 실장에게 SOS를 쳤다. 카톡도 보내고 전화도 했다. 비서실장이 얼마나 바쁜 자리인가. 일단 집무실에 들어가면 정신없이 바쁠 것이기 때문에 일부러 출근길에 전화했다. 간곡히, 아주 간곡히 부탁했다. 이런 식으로 교황청을 무시했다가 뒷감당을 어떻게 하려고 하느냐고! 더구나 문 대통령이 독실한 가톨릭 신자인데 이래도 되느냐고! 몇 시간 뒤 임 실장이 카톡 메시지를 보내왔다. "대사님께서 그리 절절히 말씀하시니, 재고하겠습니다." 죽었던 만찬 행사가 이렇게 살아났다.

관저 정상 만찬, 사상 처음!

이젠 잘해야 한다! 한 치의 오차도 생기면 안 된다! 모든 것이 나의 책임이 되었다. 준비에 만전을 기했다. 주영훈 청와대 경호처장에게 연락해서 경호 사항을 일일이 점검했다. 음식도 중요했다. 문 대통령과 파롤린 국무원장이 모두 좋아할 메뉴를 선정했다. 호박 요리였다. 에피타이저로 호박죽을 서비스하기로 했다. 반주는 파롤린 국무원장의 고향에서 생산된 비첸차 와인으로 정했다. 그리고 D-3일에 똑같은 음식과 똑같은 와인을 차려놓고 리허설을 했다. 교황청 신부 6명과 대사관 직원 6명이 '가짜 정상 만찬'을 한 것이다. '진짜 정상 만찬'에서 통역을 할 한현택 신부(현 몬시뇰)가 리허설에서도 통역을 했다. 외국 신부들에게 음식 품평을 해주도록 했고 와인 맛도 물어봤다. 몇 가지 지적 사항이 있었지만, 다들 "원더풀!", "판타스틱!"을 연발했다. 지적 사항들은 모두 반영했다.

외교부 본부와 청와대에서 왜 만찬 불추진 지시를 내렸을까 생각해봤다. 그것은 나의 핸디캡 때문일 수도 있었다. 권혁운 공사의 말에 일리가 있었다. "대사님, 본부에서 얼마나 걱정을 많이 했겠습니까. 외교 경험이 전혀 없는 대사님이 관저에서 정상 만찬 행사를 한다고 하니, 걱정이 태산 같았겠지요. 제가 알아보니까, 관저에서 정상 만찬을 하기는 이번이 처음입니다. 모두 호텔 레스토랑에서 했더라고요. 혹시 의전 사고나 경호 사고가 나지 않을까 얼마나 걱정이 많았겠어요." 권 공사의 말을 듣고 나니 아찔했다.

프란치스코 교황의 식탁

음식을 함께 한다는 것은 어떤 사회적 의미를 가질까. 캄보디아 프놈펜 인근의 장애인기술학교에서 자원봉사 활동을 할 때였다. 박비오 신부가 선교 활동을 하고 있던 캄보디아 캄퐁톰에 들러 며칠 동안 피정을 했다. 캄퐁톰은 프놈펜과 시엠립 사이 내륙 깊숙한 곳에 위치한 전형적인 농촌 지역이다. 뱀 요리가 일상인 곳으로, 귀한 손님이 오면 뱀 요리를 식탁에 올려놓았다. 얼마나 먹을 게 없으면 뱀을 잡아 먹을까, 짠한 생각이 들기도 했다. 뱀은 그들에게 중요한 단백질 공급원이었던 것이다. 박 신부에게 물었다. "신부님, 뱀 요리 드실 줄 아세요?" 박 신부는 손사래를 치면서 대답했다. "아니요!" 다시 물었다. "신자 집을 찾았을 때, 뱀 요리를 내놓으면 어떻게 하실 거예요?" "함께 맛있게 먹어야지요!" "실제로 그런 적이 있나요?" "네…." 정말 까무러칠 뻔했다. 박 신부는 평소 고기를 즐겨 먹지 않는 분이라서 더욱 놀랐다. 그렇다! 음식을 함께 나누는 일은 '사회적 공감'을 의미한다. 음식을 함께 할 수 없다면, 무슨 일을 함께 도모할 수 있겠는가.

 프란치스코 교황은 해외 사목(司牧) 방문을 자주 한다. 불편한 몸을 이끌고 1년에 서너 차례 순방 전용기를 탄다. 교황은 현지 선교사들이나 신자들과 어떤 음식을 드실까. 비슷한 시기 주교황청 대사를 지낸 요시오 나카무라(中村芳夫) 일본 대사의 부인 레이코 나카무라(中村玲子) 여사가 《교황의 음식 여정(ローマ教皇 食の旅)》이라는 책을 출간했다. 독실한 가톨릭 신자인 일본 대사 부부와 우리 부부는 무척 친하게 지냈다. 레이코 여사는 이 책을 집필하면서 우리 부부와도 많은 이야기를 나누었다. 《교황의 음식 여정》은 프란치스코 교황이 해외 순방을 했을 때 드셨던 대표적 요리와 레시피를 45개국 나라별로 하나씩 골라 소개하고 있다. 가톨릭 신자는 물론이고 비신자들에게도 유익한 여행 정보가 될 내용이다. 교황이 방문해서 드셨던 쿠바, 미국, 스위스, 이탈리아, 아랍에미리트, 일본, 한국 등 7개국 음식을 소개해본다.

프란치스코 교황은 2015년 9월 쿠바와 미국을 연이어 방문했다. 54년 만의 국교 정상화를 축복하기 위한 여정이었다. 교황은 쿠바에서 쿠바의 국민 요리인 '로파 비에하Ropa Vieja'를 드셨다. 스테이크에 토마토소스 등을 곁들인 음식이다. 미국에 방문했을 때도 미국을 상징하는 대중 음식인 '아메리칸 애플 파이'를 드셨다.

프란치스코 교황은 2018년 6월 스위스 제네바를 방문했다. 교회 일치 운동을 위해 설립된 세계교회협의회WCC 창립 70주년 기념 행사에 참석하기 위해서였다. 교황은 이때 '화이트 와인 소스로 요리한 생선 그라탱Fish Gratin in White Wine Sauce'을 드셨다. 그라탱 요리는 유럽인들이 즐겨 먹는 대중 음식이다.

2019년 6월에는 이탈리아 페루자를 찾았다. 3년 전 진도 6.2의 강진으로 많은 사망자와 부상자가 발생한 곳이다. 지진 피해자들을 위로하고 격려하기 위한 행차였다. 이곳에서는 '탈리아텔레 알라 마르키지아나Tagliatelle Alla Marchigiana'를 함께 했다. 이탈리아 토종 쇠고기인 마르키지아나를 넣은 롱 파스타다.

같은 해 2월 아랍에미리트를 방문했을 때는 아랍 전통

디저트인 '루콰이맛Luqaimat'을 드셨다. 11월 일본에서는 일본식 주먹밥인 '오니기리'를 드셨다. 오니기리는 오래된 전통음식인데 16세기 일본에 가톨릭을 전파한 프란치스코 하비에르 성인이 즐겨 먹었던 음식이다.

프란치스코 교황이 2014년 8월 대전교구에서 열린 아시아청년대회AYD 참석차 한국을 방문했을 때는 '한우 숯불갈비'를 맛있게 드셨다. 교황은 이때 식탁 위의 숯불갈비를 보곤 "이거 개고기 아냐?" 하고 농담을 건네 좌중을 빵 터지게 했다고 한다. 역시 농담 좋아하시는 교황답다! 숙소인 주한교황청 대사관에서 아침 식사를 할 때는 대전 성심당 빵을 드셨다. 교황이 2019년 방북을 했다면 아마도 평양 옥류관에서 '평양랭면'을 드시지 않았을까 생각된다.

프란치스코 교황은 현재 사제 공동숙소(기숙사)인 산타 마르타 하우스에서 지내고 있다. 평소에는 이곳 구내식당에서 식사를 한다. 식당 구석진 곳에 6인용 전용 식탁이 있는데, 교황은 홀을 등지고 벽을 향해 앉아 음식을 드신다. 홀을 보고 식사할 경우 불편해할 수 있는 사제들에 대한 배려가 아닌가 생각된다.

교황의 공항 영접

 가톨릭 전례나 외교 의전은 형식과 내용 면에서 모두 중요한 의미를 갖는다. 교과서적인 설명은 복잡할지 모르지만, 쉽게 말하면 이렇다. 가톨릭 전례^{典禮, Liturgy}는 보이지 않는 그리스도의 신비를 드러내 보이는 종교적 행위이고, 외교 의전^{儀典, Protocol}은 상대에 대한 보이지 않는 마음속 존경심과 우정을 드러내 보이는 정치적인 행위다. 서양에서 발달한 현대 외교의 의전은 역사적으로 가톨릭 전례에 뿌리를 두고 있다. 중국, 한국, 일본 등 동북아시아 국가들의 전통적 외교 의전이 불교와 유교 전례에 뿌리를 두고 있는 것과 같다.
 가톨릭 전례와 외교 의전이 동시에 이루어지는 최고의 접점이 있다. 교황의 공항 영접이다. 가톨릭의 최고 지도자인 교황이 해외 순방을 할 경우 초청국의 최고 지도자인 국가원수가 공항에 직접 나와 영접한다. 가장 엄숙하고 가장 화려한 전례와 의전이 동시에 진행되는 것이다.

역대 교황의 공항 영접에 대한 자료를 정리해봤다. 가장 장엄한 교황 영접은 언제 어디서 이루어졌을까. 내가 생각하기에는 1998년 1월 21일 쿠바 하바나 국제공항이 아닌가 한다. 70대 노구의 피델 카스트로Fidel Castro 의장은 평소 입던 군복 대신 양복을 차려입고 역사상 처음 쿠바를 찾는 교황을 맞이했다. 당시 현장 취재를 했던 교황청 전문 기자 루트비히 링 아이펠Ludwig Ring-Eifel은 공항 분위기를 다음과 같이 기록했다.

> 요한 바오로 2세 교황을 태운 알리탈리아Alitalia 비행기가 교황청 국기를 달고 하바나 국제공항에 도착했다. 국가원수이자 혁명 지도자인 피델 카스트로 의장은 혁명군 의장대 앞에 서서 로마에서 오는 국빈을 기다리고 있었다. 이 '최고 지도자'는 올리브색의 전투복을 옷장에 놔두고 왔다. 체력이 약한 근위병이라면 쓰러질 정도로 무더운 열대의 날씨에도 불구하고 71세의 국가원수는 무거운 소재로 된

어두운 색깔의 투 버튼 정장을 입고 우아한 실크 넥타이를 조여 매고 있었다. 목석처럼 꼿꼿하게 서 있던 그는 로마발 비행기가 착륙하자 어린 학생처럼 초조한 모습으로, 어렵게 트랩을 내려오는 백색 옷의 노인을 맞이하기 위해 걸어 나갔다.*

쿠바의 국영 TV와 라디오는 이날의 공항 영접을 전국에 생중계했고, 쿠바의 공산당 기관지 《그란마Granma》는 전체 8개 면 가운데 절반을 할애하여 교황 방문 특집 기사를 썼다.

버락 오바마 미국 대통령의 프란치스코 교황 영접은 압도적인 감동을 주었다. 2015년 9월 22일 프란치스코 교황을 태운 전용기가 미국 워싱턴 인근 앤드루스 공군기지에 미끄러지듯 내려앉았다. 공항 터미널에서 기다리고 있던 오바마 대통령이 밖으로 나가 전용기에서 내려오는 교황을 직접 영접했다. 오바마 대통령은 부인 미셸 여사와 두 딸, 그리고 미

---

* 루트비히 링 아이펠, 《세계의 절대권력 바티칸 제국》, 김수은 옮김, 열대림, 2005, 83쪽.

프란치스코 교황의 해외 순방 모습. 전용기 앞에서 손을 들어 보이고 있다. ⓒ 교황청

셸 여사의 어머니(장모)를 대동했다. 가톨릭 신자인 조 바이든 부통령 부부도 레드 카펫 환영식에 같이 나왔다. '넘버 원'과 '넘버 투'가 야외 행사에 함께 참석하는 것은 아주 드문 일이다. 오바마 대통령은 외국 정상들을 맞을 때, 앤드루스 공항에 직접 나간 적이 없었다는 점에서 이날의 공항 영접은 교황에 대한 최고 예우였다. CNN은 오바마의 교황 영접을 전 세계에 생중계했다.

흥미 있는 사실은 교황 방미 2개월 후에 알려진 '프란치스코 교황의 기적'이다. 미국 CBS 방송 등 매체들이 크게 보도했고, 한국에서도 SBS, YTN, 《매일경제》 등 여러 매체가 이 사실을 흥미 있게 다루었다. 당시 SBS 보도 내용을 소개한다.

지난 9월 프란시스코 교황이 미국 필라델피아를 방문했습니다. 수많은 인파 속에서 경호원이 한 어린 아기를 들어 올리자 교황이 아기의 머리에 입맞춤합니다. 교황의 입맞춤을 받은 한 살배기 지안나는 희귀 뇌종양을 앓고 있었습니다. 태어난 지 몇 주 만에 뇌간에 종양이 자라났고, 수술도 할 수 없는 상태였습니다. 그런데 교황의 입맞춤을 받은 뒤

놀라운 일이 일어났습니다. 병원에 가서 뇌를 촬영해보니 지난 8월에 뚜렷하게 보이던 종양이 거의 완전히 사라진 것입니다. 지안나의 부모는 딸의 쾌유는 신에 의한 기적으로 믿고 있다고 미국 언론은 보도했습니다.*

프란치스코 교황의 전용기가 2019년 평양순안국제공항에 착륙했다면 김정은 위원장은 어떻게 영접했을까. 인민복 차림이었을까, 양복 차림이었을까?

---

* SBS, 2015년 11월 24일 오후 8시 뉴스.

Sans Disponibile

PART 3

프란치스코 교황의 특별한 선물

베드로 대성전의 '한반도 평화' 특별미사

참 이상했다. 원안대로 되는 게 없었다. 꼬이고 또 꼬이고! 가슴이 터질 듯 아리고 속이 상했다. 어쩌겠는가. 플랜B, 플랜C로 갈 수밖에 없었다. 그러나 결과는 항상 기대 이상이었다. 빗맞은 공이 안타가 되고 홈런이 되는 것 같은 행운이 잇따랐다. 플랜B가 원안보다 좋고, 플랜C는 플랜B보다 더 좋았다. 그리고 중요한 고비마다 '선한 조력자'가 나타나 문제를 풀어주었다. 성령께서 굽어보시어, 보이지 않는 손이 푸른솔을 영광의 길로 인도하고 있는 것 같았다. 푸른솔 행사에서 최고의 찬사를 받은 '한반도 평화를 위한 특별미사'는 많은 에피소드를 남겼다.

'한반도 평화를 위한 특별미사'가 2018년 10월 17일 오후 6시 베드로 대성전에서 피에트로 파롤린 국무원장 추기경 집전으로 열렸다. 교황청 사제단과 외교단, 그리고 로마에 유학 중이거나 사도직 활동을 하고 있는 한국 신부들과 수녀들, 이탈리아 교민 등 500여 명이 참석했다. 문재인 대통령은 미사를 마친 후 연단에 올라 '역사적인 연설'을 했다. 이제까지 베드로 대성전에서 특정 국가의 정책 현안을 주제로 국무원장 추기경이 집전한 미사가 열린 적이 없었고, 해당 국가의 최고 지도자가 연설한 사례가 없었다는 점에서 '역사적인 연설'이라고 할 수 있다.

문 대통령은 한국의 최고 지도자로서, 다른 한편으로는 디모테오라는 세례명을 가진 가톨릭 신자로서 한반도 평화 프로세스의 의미와 진행 상황을 하느님께 보고했고 정책 추진에 대한 각오를 다졌으며 하느님의 응답을 기다리는 기도를 드렸다. 특별미사와 대통령 연설은 MBC와 가톨릭평화방송 cpbc, 한국정책방송 KTV 등을 통해 전국에 생중계되었다. 한국 시간은 새벽 1시였지만 유례없이 높은 시청률을 기록했다.

문 대통령, 베드로 대성전에서 '역사적인 연설'

문 대통령은 "교황 성하께서는 평화를 위한 우리의 여정

2018년 10월 17일 문재인 대통령이 베드로 대성전에서 연설하고 있다. ⓒ 청와대

을 축복해주셨고 기도로써 동행해주셨다"라고 프란치스코 교황에게 먼저 감사의 인사를 드린 후 본론을 담은 연설을 이어나갔다.

"지금 한반도에서는 역사적이며 감격스러운 변화들이 일어나고 있습니다. 남북 간의 군사적 대결을 끝내기로 했으며 핵무기도 핵 위협도 없는 한반도, 평화의 한반도를 전 세계에 천명했습니다. 지금까지 남북한은 약속을 하나씩 이행하고 있습니다. 비무장지대에서 무기와 감시초소를 철수하고 있습니다. 지뢰도 제거하고 있습니다. 무력 충돌이 있었던 서해바다는 평화와 협력의 수역이 되었습니다. 미국과 북한도 70년 적대를 끝내기 위해 마주 앉았습니다.

인류는 그동안 전쟁이라는 부끄러운 역사를 써왔습니다. 한반도에서의 '종전 선언'과 '평화협정 체결'은 지구상 마지막 냉전 체제를 해체하는 일이 될 것입니다. 시편의 말씀처럼 이제 한반도에서 자애와 진실이 서로 만나고, 정의와 평화가 입을 맞출 것입니다.

오늘 베드로 대성전에서 울린 한반도 평화를 위한 기도는 남북한 국민들과 평화를 염원하는 세계인 모두의 가슴에 희망의 메아리로 울려 퍼질 것입니다. 평화를 염원하는 우리 국민에게 큰 힘이 될 것입니다. 오늘 우리의 기도는 현실 속에서 반드시 실현될 것입니다. 우리는 기필코 평화를 이루고 분단을 극복해낼 것입니다. 여러분 모두의 평화를 빕니다."

문 대통령의 '베드로 대성전 연설'을 7년이 지난 2025년에 정리하면서 마음이 무척 착잡했다. KTX처럼 초고속으로 달리던 한반도 평화 프로세스 열차가 기약 없이 멈춰 서 있다. 윤석열 정부 출범 이후 한반도 상황이 180도 달라진 것이다. 일시적이고 과도기적인 현상이길 바랄 뿐이다. 한반도가 나아갈 길은 평화 프로세스에 있지, 전쟁 프로세스에 있지 않다. '평화 열차'는 달려야 한다. 지금은 비록 멈춰 서 있지만 언젠가 다시 달릴 것이다. 길은 하나밖에 없다. 그런 점에서 문 대통령의 베드로 대성전 연설은 역사에 길이 남을 것이다. 언젠가 다시 소환되어 한반도 평화 정책의 지표가 될 것이 확실하다.

특별미사 TV 생중계는 바티칸TV의 전폭적인 협조가 있었기에 가능했다. 바티칸TV는 베드로 대성전 미사는 물론이고 베드로 광장 행사(일반알현 삼종기도)와 교황청의 각종 소식을 전하는 TV 방송국이다. 생중계는 교황이 주재하는 행사에 국한되어 있다. 일반적인 행사를 생중계해야 할 때는 엄격한 사전 심사를 거쳐야 가능하다. 그러나 '한반도 평화를 위한 특별미사' 생중계는 까다로운 절차를 모두 생략하고 속전속결로 결정되었다. 바티칸TV의 빈센조 모르간테Vincenzo Morgante 국장은 "30여 년 근무했는데, 이런 미사를 생중계하기는 처음이다. 매우 특별하고 이례적unique and exceptional이다"라고 말했다.

잦은 일정 변경, 그러나 결과는 Best!

원래는 '한-교황청 수교 55주년 특별미사'를 페르난도 필로니Fernando Filoni 추기경(복음화부 장관) 집전으로 한인성당에서 열 계획이었다. 로마 외곽에 있는 한인성당은 '한-교황청 수교 50주년 기념미사'가 파롤린 추기경(국무원장) 집전으로 열렸던 곳이다. 수교 55주년 특별미사를 집전할 사제로 파롤린 추기경을 섭외해볼까 하는 생각을 해봤지만 포기했다. 시노드 기간이었기 때문이다. 가톨릭 최고의 성지인 베드로 대성전 섭외는 언감생심 꿈도 꾸지 못했다.

수교 55주년 특별미사는 대통령께서 참석하는 관계로 특별한 준비가 필요했다. 경호가 가장 큰 문제였다. 시설 보수와 주변 환경 정비 등은 모두 마쳤다. 행사를 준비하던 중 김경석 대사 부부와 저녁 식사를 했다. 김 대사는 자타가 공인하는 이탈리아 전문 외교관으로 주교황청 대사(2013~2016년)를 마치고 로마에서 살고 있었다. 김 대사에게 파롤린 추기경 섭외의 어려움을 털어놓자, 김 대사는 일말의 희망이 섞인 말을 해주었다. "오랜 친분이 있는 분인데… 한번 만나보겠다. 10%의 가능성이 있다." 1주일 정도 지난 뒤였다. 교황청 외교부의 로베르토 루키니 몬시뇰이 굿뉴스를 전해주었다. "파롤린 추기경이 10월 18일 오전 시노드 회의를 잠시 미루고 한인성당 미사를 집전하기로 했다. 대신 장소를 바꿔주면 좋겠다. 한인성당은 너무 멀다. 베드로 대성전으로 바꿔줄 수 있는가?" 베드로 대성전이라니! 불감청 고소원이지! 두말할 필요가 없었다. 즉시 오케이했다.

며칠 뒤 루키니 몬시뇰에게서 다시 연락이 왔다. "미안하다. 미사 날짜를 바꿔야겠다. 프랑스 순례자 400여 명이 18일 오전 베드로 대성전에서 미사를 드릴 예정이다. 1년 전에 예약했다더라. 17일 오후 5시나 6시에는 한국 미사가 가능하다. 꼭 18일 오전에 해야 한다면 바티칸 근처의 성당을 섭외해주겠다." 이것은 보통 문제가 아니었다. 이미 확정되어 있는 대통령 일정을 조정해야 하기 때문에 내가 결정할 수 없는 문제였다. 나는 내심 날짜를 조정해서라도 베드로 대성전에서 미사를 드리고 싶었다. 외교부 본부와 청와대에 긴급히 보고했다. 청와대는 베드로 대성전을 선호했다. 결국 '18일 오전 9시' 대신 '17일 오후 6시'를 택했다. 나중에 알고 보니, 그것은 너무 좋은 선택이었다. 로마에 유학 중이거나 사도직을 하고 있는 신부들과 수녀들이 학교 수업 또는 일과를 마치고 미사에 참례할 수 있었다. 일반 교민들도 마찬가지였다.

결론은 '2018년 10월 17일 오후 6시, 베드로 대성전. 국무원장 추기경 집전'이었다. 미사 지향도 '수교 55주년'에서 '한반도 평화'로 변경했다. 미사 시간과 장소, 집전 사제, 미사 지향까지 몽땅 바뀌었지만, 최선의 결과였다. 이를테면 9회 말에 터진 역전 만루홈런이었다. 미사 경본 제작 지원은 덤이었다. 한 권의 책에 라틴어·이탈리아어·한국어 등 3개 언어가 들어가는 미사 경본을 서울이나 로마의 일반 인쇄소에서 제작하려 했는데, 교황청 측이 교황이 집전하는 미사의 경본 수준으로 바티칸 특별인쇄소에서 제작해주었다.

파롤린 추기경의 깜짝 이벤트

프란치스코 교황이 소집한 2018년 시노드에는 한국에서 정순택 주교(서울대교구)와 조규만 주교(원주교구)가 당연직으로, 유흥식 주교(대전교구, 현 교황청 성직자부 장관 추기경)가 교황 특별 초청 케이스로 참석하고 있었다. 유 주교의 숙소는 바티칸 경내에 있는 산타마르타 하우스였다. 이곳은 교황, 국무원장 등을 비롯해 교황청 사제들이 살고 있는 공동숙소다. 유 주교를 만나, 한반도 평화 특별미사를 비롯해 푸른솔 행사 전반의 진행 상황을 설명해주고 자문을 했다. 유 주교는 "좋은 아이디어가 하나 있다"고 귀띔해주었다. 그러나 아이디어가 무엇인지는 말하지 않았다. 미사 때 비로소 알았다. 파롤린 추기경이 미사를 한국말로 시작한 것이다. 전혀 예상치 못한 서프라이징 이벤트였다.

"문재인 대통령님, 김정숙 여사님, 환영합니다. 프란치스코 교황님의 축복을 전합니다. 한반도 평화를 위해 기도합시다."

서양인 특유의 어눌한 발음이었지만 의미 전달은 확실했다. 연습을 많이 한 것 같았다. 파롤린 추기경의 한국말 멘트는 미사에 참석한 한국인들에게 짧은 웃음을 선사했다. 성당을 압도하고 있던 긴장감이 화롯불에 눈 녹듯 사라졌다. 파롤린 추기경은 그 후 나를 만날 때마다 "나의 한국어 선생님 잘 계시느냐?" 하면서 유 주교의 안부를 물었다. 파롤린 추기경의 한국말 미사는 유 주교의 '기획 작품'이었다. 청와대 홍보팀은 2018년 대통령 홍보 영상물에 이 장면을 넣어 널리 알렸다.

파롤린 추기경은 장이태 신부(로마유학사제단협의회 회장)가 번역본을 대독하는 방식으로 미사 강론을 했다. "겸손한 마음으로 하느님께 평화의 선물을 간청하고자 합니다. 특별히 오랫동안의 긴장과 분열을 겪은 한반도에도 평화라는 단어가 충만히 울려 퍼지도록 기도로 간구합시다." 좌중이 숙연해졌다. 이어서 로마 한인성당과 밀라노 한인성당의 신자들로 구성된 합동 성가대의 한국말 그레고리안 성가가 베드로 대성전에 울려 퍼졌다. 성령님이 현존하심을 새삼 확인하게 해준 거룩한 미사였다.

교황청의 '문재인 청문회'

문재인 대통령과 파롤린 국무원장 추기경의 정상 만찬은 성사 과정이 드라마틱했던 만큼 담소 내용 또한 의미가 있었다. 정상 만찬 취소를 주장했던 분은 다음 날 아침 호텔에서 식사를 같이 하면서, "대사님, 어제저녁 만찬이 너무 훌륭했습니다. 취소했더라면 큰일 날 뻔했어요" 하며 미안해했다.

핫이슈는 역시 북한 문제였다. 교황청 측은 문재인 대통령을 통해 북한의 실상을 조금이라도 더 캐내려 했고, 문 대통령은 교황청 측에 북한의 실상을 조금이라도 더 알려주고 싶어 했다. 문 대통령은 한반도 평화 프로세스 성공을 위해 프란치스코 교황의 지원을 받아야 할 입장에 있었고, 교황청은 교황 방북 등 북한과의 관계 개선을 추진하고자 하는 입장이었다. 양측 모두에게 만찬 자리는 절호의 기회였다.

교황청 측은 만찬 준비를 단단히 한 것 같았다. 막판에 '선수 교체'가 있었다. 머피 의전장이 빠지고 외교부의 루키니 몬시뇰(동북아국장)이 들어왔다. 루키니 몬시뇰은 교황청에서 북한 정책을 총괄하고 있는 실무 책임자였는데, 프란치스코 교황이 그를 수시로 불러 업무 지시와 상황 체크를 한다고 알려져 있었다. 루키니 몬시뇰의 만찬 참석은 교황청 측이 이날의 만찬을 얼마나 비중 있게 여기고 있는지를 짐작하게 해주었다.

갈라거가 묻고, 문재인이 답했다

정상 만찬은 정책 청문회를 방불케 했다. 북한에 대한 정보가 거의 없는 교황청 입장에서는 한반도 정책의 최고 책임자를 앞에 모셔놓고 영양가 없는 이야기로 시간을 때울 생각은 전혀 없었을 것이다. 문 대통령은 당시 세계 외교 무대의 '스타 정치인'이었다. 남북정상회담을 세 번이나 했고, 북미정상회담의 꺼진 불을 살려낸 주인공이었다. 미국의 유력 시사주간지 《타임》은 진즉 표지 모델로 문재인 대통령을 선정하고 'The Negotiator(협상가)'라는 타이틀을 붙여주기도 했다.

'청문회'는 교황청이 묻고, 한국이 대답하는 식으로 진행

문재인 대통령과 파롤린 국무원장의 정상 만찬 모습. 왼쪽부터 차례로 이백만 대사, 도종환 장관, 김정숙 여사, 문재인 대통령, 강경화 장관, 정의용 안보실장, 남관표 안보실 2차장이다. ⓒ 청와대

되었다. 교황청 측에서는 파롤린 국무원장 추기경과 갈라거 외교장관이 질문을 했고, 나머지 세 사람은 듣기만 했다. 루키니 몬시뇰은 대화 내용을 열심히 받아 적었다. 한국 측에서는 문 대통령 혼자 대답했다. 김정숙 여사가 딱 한 마디 거들어주었을 뿐이었다. 강경화 외교부 장관, 정의용 청와대 안보실장 등 참모들은 듣기만 했다.

교황청 측의 주포는 갈라거 외교장관이었다. 마치 악역을 자처한 사람처럼 보였는데, 고약한 질문을 도맡아 했다. 질문의 핵심 포인트는 김정은 국무위원장에 대한 신뢰 문제였다. 4개월 전 나에게 했던 질문을 대통령에게도 똑같이 했다. "당신은 김정은의 말을 믿을 수 있는가? 그 근거는 무엇인가?" 갈라거 장관은 여러 가지 사례를 들어 묻고 또 물었다. 문 대통령은 특유의 조용한 음성으로 느릿느릿 차분하게 대답했다. 미국 트럼프 대통령에게도 이렇게 했겠구나 하는 생각이 들었다.

'청문회', 세 차례 진행

'청문회'는 모두 세 차례에 걸쳐 진행되었다. 1라운드는 대사관 관저 응접실에서 약 20분간 이루어졌다. 이탈리아에는 아페르티보 Apertivo라는 식전주 문화가 있다. 호스트가 본격적인 만찬에 앞서 입맛을 돋우기 위해 응접실 손님들에게 가벼운 술이나 음료수를 안주와 함께 대접하는 문화다. 이날 만찬에서도 아페르티보가 제공되었다. 미리 와서 기다리고 있던 교황청 손님들은 문 대통령이 응접실로 입장하자 인사를 간단하게 나눈 다음 북한 이야기를 시작했다. 교황청 측은 주로 남북정상회담 때 어떤 이야기를 나누었는지 물어봤다. 문 대통령은 '신나게' 대답했다. 잠시 후 자리를 만찬장으로 옮겨야 하는데 분위기가 너무 진지해서 함부로 중단시킬 수가 없었다. 외교부 장재복 의전장(현 주인도 대사)이 재치 있게 상황을 정리했다. 노련한 외교관이었다.

    2라운드는 만찬장에서 이루어졌다. 파롤린 추기경이 식사 기도를 했다. 문 대통령과 파롤린 추기경이 각각 건배사를 한 다음 참모들을 소개했다. 준비된 음식과 와인이 외교 의전에 따라 순차적으로 서비스되었다. 한국과 교황청의 문화, 역사 등 일반적인 내용의 이야기를 하며 웃음꽃을 피웠다. 그러나 웃음꽃은 잠시, 다시 북한 이야기로 돌아갔다. 이번에는 김정은 위원장의 리더십이 밥상 위에 올랐다. 입장을 바꿔놓고 생각해도 이 문제를 물고 늘어졌을 것이다. 교황청의 날카로운 질문 공세와 한국의 설득력 있는 대응! 흡사 열띤 토론 현장 같기도 했는데 함께 자리한 김정숙 여사가 한마디했다. "제

남편이 참 딱하다. 북한을 못 믿는 사람들에게 북한을 믿게 하려고 하니…" 다들 한바탕 웃었다.

3라운드는 정상 만찬 다음 날(10월 18일) 파롤린 추기경 집무실에서 이루어졌다. 교황청의 교황 면담 프로토콜은 특이하다. 어떤 국가의 최고 지도자든 교황을 면담한 뒤에는 반드시 교황청 2인자이자 행정 수반인 국무원장 추기경을 만나게 되어 있다. 교황과는 '면담(독대)'을 하지만 국무원장과는 참모들이 배석한 가운데 '회담'을 한다. 문재인 대통령도 교황 면담 절차를 마친 다음 국무원장실로 이동하여 파롤린 추기경과 회담을 했다. 양측 참모들이 배석했다. 그런데 문 대통령이 가볍게 인사를 나눈 다음 의자에 앉자마자, 갈라거 외교장관이 "어제 그 이야기 계속 이어가시죠!"라고 말하는 게 아닌가. 교황청으로서는 촌음을 아껴가며 북한 공부를 해야 하는 상황 같았다. 언제 이런 기회가 다시 주어지겠는가.

관저 만찬에는 교황청 측에서 파롤린 국무원장(추기경), 에드가르 페냐 파라 Edgar Peña Parra 국무장관(대주교), 폴 갈라거 외교장관(대주교), 앙트완 카밀레리 Antoine Camilleri 외교차관(몬시뇰), 로베르토 루키니 외교부 국장(몬시뇰), 통역 한현택 신부(교황청 복음화부) 등 6명이 참석했다. 한국 측에서는 문 대통령 내외, 강경화 외교부 장관, 도종환 문화체육관광부 장관, 정의용 청와대 국가안보실장, 남관표 청와대 안보실 2차장, 윤영찬 청와대 국민소통수석, 이백만 대사 등 8명이 참석했다. 10월 17일과 18일 양일에 걸친 대화 내용을 요약해 정리해 봤다.

문 대통령, "핵은 정치적 무기다"

갈라거 외교장관 문재인 대통령은 김정은 위원장의 말을 믿을 수 있나? 믿는다면 그 근거는 무엇인가?

문 대통령 그들이 불신을 자초했다. 나도 불신했다. 그들도 불신을 받고 있다는 사실, 잘 알고 있다. 그러나 김정은 위원장은 할아버지, 아버지와는 다르다. 한반도 정세도 다르고, 교육 환경도 다르다. 그리고 몇 번 겪어보니, 약속을 실천하더라. 개혁도 성공하고 있다.

갈라거 외교장관 김정은은 핵무기를 갖고 있지 않은가?

문 대통령 김정은이 이런 말을 했다. "우리가 핵 없이도 살 수 있다면 뭣 때문에 많은 제재를 받으면서 힘들게 핵을 머리에 이고 살겠는가. 우리의 목표는 인민을 잘살게 하는 것이다." 안보가 보장되면 핵을 가질 이유가 없다고 여러 번 말하더라. 그들의 핵은 군사적 무기가 아니라 정치적 무기다. 핵은 철저하게 자기들의 안전 보장을 위한 것이다.

갈라거 외교장관 중국이 존재하는 한 다른 국가들이 북한의 안보를 해칠 수 없음에도 왜 북한이 국제사회를 두려워하는지 이해할 수 없다.

문 대통령 현재 한국과 북한 사이의 전쟁은 끝난 것이 아니다. 정전 상태에 있다. 한국은 미국의 국방력도 등에 업고 있기 때문에 경제력까지 고려한다면 북한은 힘에서 상대가 되지 않는다. 중국도 이해관계에 따라 얼마든지 북한에 등을 돌릴 수 있기 때문에 북한이 더욱 핵에 의존하려 하는 것 같다.

국무원장, "북한의 핵개발 의도는…"

파롤린 국무원장 북한의 핵 개발이 오히려 국제사회에서 자신을 개방하기 위한 것일 수도 있다는 관점도 있고, 핵을 통해 협상력을 높임으로써 경제개발을 도모하기 위한 것이라는 이야기를 들은 적이 있다.

문대통령 그러한 설명도 가능할 수 있다. 어쨌든 북한은 정상국가가 되기 위해 노력하고 있다. 과거 북한이 한국보다 우위에 있었던 적이 있지만, 국가를 폐쇄하면서 남북 경제가 역전되었다. 더 이상 폐쇄 체제를 유지할 수 없다는 것을 북한도 인식하고 있지 않겠는가.

갈라거 외교장관 북한이 교황청과 관계를 맺으면서 개방한다는 이미지만 주고 싶은 것인지, 실질적으로 변화하고 싶은 것인지 잘 모르겠다.

문대통령 후자라고 생각한다. 과거에는 개방하면 공산주의 및 사회주의 체제가 붕괴한다고 생각하여 폐쇄를 택하였으나, 사회주의 국가인 중국과 베트남이 개방을 선택하였음에도 체제 유지를 하는 것을 목격했다. 이제는 실질을 추구하고 있을 것이라고 생각한다.

갈라거 외교장관 북한에서 1980년대에 가톨릭 성당, 개신교 교회, 불교 사찰 등 종교시설이 거의 동시에 생겨났다. 이상하지 않나? 장충성당의 신자들은 북한이 만들어낸 것이 아닌지 의심스럽다.

문 대통령 소수의 신자들이 모여 미사를 드리고 있는 것으로 안다. 남북 관계가 좋았을 때에는 한국에서 장충성당에 신부를 보내 미사를 집전하게 하기도 했다. 미사를 집전한 신부들에 따르면 진짜 신자가 있다. 신앙의 힘은 강하다. 어떤 형태로든 신앙공동체가 존재할 수 있다.

파롤린 국무원장 교황청은 1955년 북한의 기근 당시 국제 카리타스 홍콩 지부에서 인도적 차원의 지원을 하여, 북한과 교류하기 시작했다. 교황청과 북한은 지금도 인도적 차원의 채널로 접근이 가능하다.

문 대통령 인도적 지원 재개가 시급하다. 인도적 지원과 문화교류 등을 통해 북한이 계속해서 국제사회에 문호를 개방할 수 있도록 해야 한다.

파롤린 국무원장 카밀레리 차관이 지난 9월 '교황청-중국 주교 임명에 관한 합의'를 잠정 타결하는 데 중추적 역할을 했다. 우리는 북한과도 관계 개선을 추진하고 있다. 카밀레리 차관이 북한과의 관계 개선에도 같은 역할을 수행해주길 바란다.

문 대통령　북한을 지원하는 데 있어 교황청만이 할 수 있는 일이 많이 있다고 생각한다. 기대가 크다.

파롤린 국무원장　문 대통령의 한반도 정책에 대한 젊은 세대의 지지가 약한 것으로 알고 있다.

문 대통령　분단된 지 70년이 넘었다. 젊은 세대 일부에서 그런 경향이 있다는 사실을 알고 있다. 그들에게 북한이 같은 민족이고 반드시 하나가 되어야 한다는 인식을 심어줄 필요가 있다. 이를 위해 남북정상회담 개최 자체보다도 회담을 있는 그대로 보여주고자 했으며, 합의된 선언을 문서로 발표하기보다 직접 발표하는 것이 중요하다고 김정은을 설득했다.

　(10월 18일, 국무원장과 회담을 마치며)
문 대통령　오늘 한국 대통령으로서 교황청을 방문하였지만, 본인은 대통령 이전에 디모테오라는 세례명을 가진 가톨릭 신자로서 영광스러운 시간이었다.

파롤린 국무원장　신앙을 가진 외국 정상과 만남을 가질 때 조화로움을 느낀다. 한반도 평화를 위해 함께 노력하자.

대통령 전용기가 묶여버린 사연

교황청발 빅뉴스 Big News가 전 세계 언론을 뒤흔들었다. 프란치스코 교황이 2018년 10월 18일 문재인 대통령을 면담하면서 나온 뉴스다. 단둘이 만나는 독대였기에 대화 내용을 발표해줄 참모가 없었다. 문 대통령은 교황청 사도궁 로비에서 메모지를 들고 참모들에게 직접 브리핑을 했다. 참모들이 탄성을 지르며 감격의 악수를 나누는 진풍경이 벌어졌다. 당시 《중앙일보》 청와대 출입기자였던 강태화 기자는 그날의 장면을 이렇게 묘사했다.

> 문재인 대통령은 18일(현지 시간) 38분간 프란치스코 교황과 비공개 면담을 마치고 문을 열고 나왔다. 문 대통령의 표정은

밝았다. 교황과의 대화는 원래 외부에 공개할 수 없지만 이번에 예외였다. 한반도 비핵화와 직결될 수 있다는 점을 감안해 교황청은 대화 내용의 일부를 공개하는 데 사전 합의했다. 청와대 참모진들은 조심스러웠다. 관심은 교황이 북한을 정말 방문할지였다. 언론에 접견 요지를 전달해야 하는 윤영찬 청와대 국민소통수석이 먼저 조심스럽게 문 대통령에게 다가갔다.

"교황과의 알현은 잘 됐습니까?"

문 대통령은 입을 열었다. 머뭇거리던 청와대 참모들도 하나둘 문 대통령 주변으로 다가서 문 대통령의 말에 귀를 기울였다.

"문 대통령께서 전한 말씀으로도 충분하나, 공식 초청장을 보내주면 좋겠다. 초청장이 오면 무조건 응답을 줄 것이고, 나는 갈 수 있다."

문 대통령은 프란치스코 교황의 답변을 담담하게 전했다. 청와대 참모들 사이에서 "아!"라는 나지막한 외마디 탄성이 나왔다. 문 대통령이 김정은 북한 국무위원장을 설득해 관철한 교황의 사상 최초 방북 제안에 대해 프란치스코 교황이 사실상 전면 수용한다는 뜻을 밝힌 데 따른 반응이었다.*

교황청 사도궁에서 문재인 대통령과 수행원들이 단체 사진을 찍고 있다. ⓒ 교황청

교황과 단독면담 중인 문재인 대통령. ⓒ 교황청

"소노 디스포니빌레!", 대통령 일정 Stop!

프란치스코 교황의 방북 요청 수락! 문 대통령은 물론 청와대 참모들도 예상하지 못한 파격적인 메시지였다. 청와대는 당시 교황이 '긍정적으로 검토해보겠다'는 수준의 발언만 나와도 성공이라고 생각했다.

사안이 사안인지라 교황의 정확한 워딩을 확인할 필요가 있었다. 통역을 맡았던 한현택 신부(교황청 복음화부)에게 물었다. 한 신부는 이렇게 답했다. "교황께서 '소노 디스포니빌레Sono disponibile'라고 말씀하셨습니다. '나는 갈 것이다', '나는 갈 준비가 되어 있다'라는 의미입니다. 영어로는 'I am available'로 이해하면 됩니다." 이탈리아에서 '소노 디스포니빌레'라는 말은 강한 긍정을 표현할 때 쓰는 관용구다. 예를 들어 구청이나 시청에 민원을 신청했을 때 담당 공무원이 "소노 디스포니빌레"라고 말하면 99% 해결해주겠다는 뜻이다. 공무원들은 꼭 해주겠다는 약속(100% 약속)을 절대로 하지 않는다.

교황의 정확한 워딩이 청와대 기자단과 교황청 기자단에

---

* 《중앙일보》, 2018년 10월 19일, 〈"교황 북한 간다"는 文 대통령 전언에 참모진 "아!" 낮은 탄성〉, 강태화.

알려지자, 기자들이 바빠졌다. '프란치스코 교황, 사실상 북한 방문 요청 수락'. 국내 언론은 물론이고 CNN, AP통신 등 세계 유수의 언론들이 헤드라인으로 긴급 타전했다. 문제는 국내 언론이었다. 7시간의 시차를 고려했을 때 TV와 신문의 기사 마감이 촉박했다. 벨기에행 비행기를 예정대로 탔다가는 외신에 물먹기 딱 좋은 타이밍이었다. 수행기자단은 대통령 전용기 이륙을 연기해달라고 긴급 요청했다. 대통령 전용기가 다빈치 공항에 묶여버린 사연이다. 졸지에 벨기에 국왕 면담 일정이 취소되고 말았다.

프란치스코 교황의 말씀은 사실 '준비된 메시지'였다. 나는 문 대통령이 교황청을 방문하기 전 관계자들을 만나 '예방 주사'를 놔주었다. 루키니 몬시뇰 등 교황청 당국자들에게 "문재인 대통령이 교황님을 면담할 때 김정은 위원장의 방북 요청을 전달할 것이니 교황님에게 미리 보고해달라"고 말해두었다. 또 "교황님은 신임장 제정식 때 나에게 이미 방북 의사를 밝혔다. 문 대통령에게도 그렇게 하시지 않겠느냐"고 덧붙였다. 프란치스코 교황이 혹시 마음의 준비를 하지 않고 있는 상태에서 문 대통령이 방북 문제를 꺼내면 당황할 수 있기 때문이었다.

교황청, "교황님의 해외 순방은 사목적이어야!"

루키니 몬시뇰 문 대통령님이 교황님에게 북한 방문을 요청한다고? 공식 제안이냐, 그냥 아이디어 차원의 이야기냐?

이백만 대사 공식 제안이다. 청와대 대변인도 이미 공식 발표했다.

루키니 몬시뇰 교황 방문은 정치적 목적으로만 하는 게 아니다. 사목적 목적이 더 중요하다. 북한의 가톨릭 리더와 신자들을 만나야 한다. 그쪽에서 그것을 원할지 모르겠다.

이백만 대사 김정은 위원장이 교황의 방북을 환영할 게 분명하다. 종교 문제, 구체적으로는 가톨릭 문제에 대해서도 김정은이 청년 시절 스위스에서 유학한 경험이 있어서 모르진 않을 것이다.

루키니 몬시뇰 잘 알았다. 사목적 방문이 아니면 곤란하다. 김정은이 교황님을 받아들일 마음이 있을까? 진정성이 있나?

이백만 대사 여러 정황으로 보아 그렇다. 다각도로 확인했다.

교황청 외교단의 대사들도 프란치스코 교황의 '소노 디스포니빌레' 발언에 대해 놀라운 반응을 보였다. 당시 외교단 단장Dean을 맡고 있던 아르민도Armindo 앙골라 대사는 "교황청 대사로 부임한 지 16년이 되었다. 이렇게 큰 뉴스는 처음 본다. 그동안 교황청에서 생긴 큰 뉴스는 교황의 선종이나 사임, 그리고 후임 교황 선출이었다. 한국 대통령이 오더니 큰 뉴스가 터졌다. 프란치스코 교황이 북한에 간다면, 아마도 엄청난 뉴스가 매일 나올 것 같다."

나보나 광장의 '파스타 번개'

10월의 로마 하늘은 청명했다. 걷기에 딱 좋은 날씨였다. 문재인 대통령을 태운 승용차가 바티칸 사도궁을 나와 '천사의 성' 앞에 멈춰 섰다. 대통령 내외분과 수행원 모두 오순도순 이야기꽃을 피우며 로마 2,000년 고도의 숨결을 느꼈다. 테베레강을 건너 나보나 광장까지! 망중한(忙中閑)이 이런 것일까. 짧지만 꿀맛 같은 '로마의 휴식'이었다. 교황의 한마디 '소노 디스포니빌레'는 대통령 전용기를 멈춰 세웠고, 문 대통령과 수행원들에게 달콤한 휴식 시간을 잠깐 가져다주었다.

나보나 광장은 포폴로 광장, 스페인 광장, 캄피돌리오 광장과 함께 로마 4대 광장으로 꼽히는 관광 명소다. 이곳에는 순례자들의 발길이 끊이지 않는 '성 아녜스 인 아고네 성당

Church of Sant'Agnese in Agone'이 있다. 순결과 신앙을 지키다 순교한 아녜스 성녀의 묘 위에 세워진 성당이다. 광장을 둘러본 후 파스타 맛집에서 점심을 때웠다. 그야말로 '번개 점심'이었다. 이탈리아대사관의 나원창 공사가 급히 섭외한 식당이었다. 대통령 내외분을 일반 식당에서 모신다는 게 좀 찜찜했지만 어쩔 수 없었다. 관광객들이 즐겨 먹는 '보통 음식'이었지만 맛있게 드시니 고마울 따름이었다.

문 대통령, "후속 조치를 준비하라!"

원래 계획대로였다면 이탈리아 출국 준비를 서두르고 있을 시간이었다. 대통령 전용기는 10월 18일 오후 브뤼셀 메르스부르크 공군기지에 도착할 계획이었고, 문 대통령은 브뤼셀에서 벨기에 필립 국왕을 면담할 예정이었다. 외교적 결례를 무릅쓰고 필립 국왕 면담 일정마저 취소해야 했다.

문 대통령은 점심 식사를 하면서 동석한 도종환 문체부 장관과 정의용 안보실장에게 "김희중 대주교님, 강우일 주교님, 함세웅 신부님 등과 함께 의논하여 교황님 말씀에 대한 후속 조치를 준비하시라"고 주문했다. 발 빠른 현장 지시였다. 문 대통령은 또 "앞으로는 북한과 교황청이 직접 이야기를 할 것이다. 우리는 필요할 때 조용히 도와주어야 한다"고 강조했다. 문 대통령의 업무 지시를 들으면서 교황과 독대할 때 방북 문제를 예상보다 심도 있게 논의했구나, 하고 생각했다.

문 대통령과 김정은 위원장은 2018년 9월 평양에서 개최된 3차 남북정상회담 때 교황 방북 문제를 정식으로 논의했다. 한국천주교주교회의CBCK 의장 자격으로 대통령 특별수행원이 되어 평양에 간 김희중 대주교(광주대교구)가 결정적인 역할을 했다. 남북정상회담 이틀째인 9월 19일 평양 옥류관에서 열린 오찬 회동은 화기애애한 분위기에서 진행되었다. 첫날 회담에서 많은 성과를 냈기 때문이었을 것이다. 김 대주교는 그날의 상황을 이렇게 술회했다. "오찬장 분위기가 한껏 무르익었어요. 이때가 좋은 기회라고 생각되어 대통령에게 '교황 방북 초청 문제를 지금 말씀드리는 게 좋겠다'는 내용의 쪽지를 드렸습니다." 교황 방북 문제는 그동안 많이 이야기되었던 사안이어서 문 대통령도 그 취지를 잘 알고 있었다. 문 대통령은 김 위원장에게 "프란치스코 교황님이 한반도 평화와 번영에 관심이 많다. 교황님을 한번 만나보는 게 어떠냐"고 물었다. 김 위원장은 기다렸다는 듯이 "교황님이 평양을 방문하시면 열렬히 환영하겠다"고 화답하면서 "잘 아시다시피 제가 멀리 갈 처지가 아니니 교황님이 와주시면 고맙겠다"고 말했다. 문 대통령은 김 위원장의 이 같은 의사를 1개월 후 프란치스코 교황에게 직접 전달했고, 교황은 이를 전격 수락한 것이다. 문 대통령은 파롤린 국무원장 추기경과 회담을 할 때도 김 대주교의 역할을 강조하면서 지원을 당부했다.

김희중 특사, 교황에게 두 가지 건의

김 대주교가 정상회담 3일째 백두산 천지에서 김 위원장을 만나 "남북이 화해와 평화의 방향으로 나아가고 있다는 것을 교황청에 전달하겠다"고 하자, 김 위원장이 "꼭 좀 전해달라"고 응답했다. 이 현장을 목격한 김의겸 청와대 대변인은 "김 위원장이 공손히 허리를 굽혀 말하더라"고 회고했다. 교황 방북 초청에 대한 김정은의 진정성을 느끼게 해주는 장면이다. 문 대통령과 평소 두터운 친분 관계를 유지하고 있던 김 대주교는 2017년 5월 대통령 특사로 교황청에 파견될 때부터 이미 많은 주목을 받았다. 김 대주교는 프란치스코 교황을 만나 문 대통령이 5년 동안 추진할 한반도 평화 전략(한반도 평화 프로세스)을 설명하고 기도를 부탁했다. 그리고 두 가지 사항을 건의했다. 하나는 "교황께서 미국과 쿠바를 중재하여 두 나라가 국교 정상화를 한 것처럼 미국과 북한도 중재해달라"는 것이었고, 다른 하나는 "북한을 직접 방문하여 북한 동포들과 북한 땅에 축복해달라"는 것이었다.

서울에서는 벌써 김칫국

윤영찬 수석이 밀사? 정말 깜짝 놀랐다. "대사님, 청와대 윤영찬 소통수석이 대통령 밀사로 바티칸을 방문하여 프란치스코 교황님을 만나고 갔다는데 알고 계세요?" 이게 무슨 소리? 금시초문이었다. 교황청을 지키고 있는 '상주(常駐) 대사'로서 무척 충격적인 소식이었다. 내용이 매우 구체적인 데다 신분이 확실한 가톨릭 사제의 얘기여서 놀라지 않을 수 없었다. 교황청 대사로 부임하기 전 좋은 말씀을 해주었던 분이어서 로마에 오셨다기에 관저에 초대하여 저녁을 함께 했다. 2018년 7월이었다. 마음이 심란해졌다.

매일 언론에 노출된 상태에서 일을 해야 하는 청와대 소통수석(홍보수석)은 밀사를 맡기에 적합한 자리가 아니다. 그것은 내가 홍보수석을 해봐서 잘 안다. 그리고 문 대통령이 교황청에 밀사를 보냈다면 밀사의 미션은 뻔하다. 북한 문제다! 이 문제는 잘 진행되고 있고 새로운 상황이 생길 때마다 즉각 전문으로 보고하고 있는데… 내가 모르는 무엇이 있다는 말인가? 문 대통령이 나를 믿지 못하고 있는 것일까? 오만 생각이 다 들었다.

교황청 당국자에게 직접 확인을 해봤다. 고개를 절레절레 흔들었다. 그런 소문은 교황청 외교의 프로토콜(질서)을 모르는 데서 비롯된 루머라고 했다. 교황청은 어떤 경우에도 상주 대사를 패싱하지 않는다. 밀사라도 상주 대사를 통해 교황을 면담하게 한다는 것이다. 설령 청와대에서 상주 대사를 패싱하고 밀사를 보냈더라도 사후에 상주 대사에게 알려주는 게 예의일 텐데 그런 일도 없었다. '윤영찬 밀사설'은 웃기면서도 슬픈, 웃픈 해프닝이었다. 이런 생각이 들었다. "아, 프란치스코 교황에 대한 기대가 너무 크구나! 서울이 과열되어 있구나!"

한국 정계와 언론계, 너무 앞서 나간 예측

진짜 곤란한 일은 10월에 벌어졌다. 문 대통령이 프란치스코 교황을 면담할 때 방북을 요청할 것이라는 청와대 대변인의 공식 발표(10월 9일)가 나온 직후 정치권과 언론계에서 각양각색의 의견이 분출했다. 심지어는 한국의 가톨릭에서도 무절제한 의견이 나왔다.

교황청을 가장 곤혹스럽게 한 내용은 집권 여당인 민주당의 고위 당직자가 15일 공개석상에서 한 발언이었다. "프란치스코 교황이 내년 봄에 북한을 방문하고 싶어 하신다는 얘기가 있다." 서울의 주요 언론사에서 확인 전화가 왔다. 사안의 중대성을 감안했을 때 담당 기자들로서는 후속 취재를 하지 않을 수 없었을 것이다. 문 대통령의 교황 면담(18일) 3일 전에 이런 발언이 나오다니, 난감할 수밖에 없었다. 이것은 사실이 아닌데, 너무 많이 나갔는데 어떻게 수습하나…. 기자 생활을 20년이나 했지만 상황 관리가 어려웠다. 부정도 할 수 없고, 그렇다고 긍정도 할 수 없고, 기자들에게 일관된 답을 해주었다. "나는 아는 바 없다. 처음 듣는 이야기다. 교황의 순방은 즉흥적으로 결정되지 않는다. 일반 국가의 원수보다 절차가 더 까다롭고 더 신중하다."

로마(교황청)와 서울의 주파수가 달라도 너무 달랐다. 일부 언론은 교황의 방북이 확정된 것으로 알았는지, 전망과 파장 등 해설기사까지 쓰고 있었다. 교황의 방북 실무를 서울대교구에서 맡을 것이라는 보도까지 있었다. 떡 줄 사람은 생각도 않는데 김칫국부터 마신다는 속담이 있다. 김칫국도 이런 김칫국이 없었다. 완전 가짜 뉴스였다.

교황청 당국자를 만나 한국의 분위기를 전하고 한국 정계와 언론계를 대신해서 사과했다. 이 당국자는 주한 교황청 대사관으로부터 이미 보고를 받았는지 다 알고 있었다. 그는 제발 이러지 말자고 신신당부했다. 청와대와 외교부의 주요 인사들과 한국 가톨릭 고위 관계자들에게 전화하여 서울의 들뜬 분위기를 진정시켜달라고 부탁했다. 유흥식 주교(대전교구)가 노력을 많이 했다. 유 주교는 KBS 라디오 인터뷰를 통해 바티칸의 입장을 잘 설명해주었다.

역대 대통령의 교황 면담

그들은 왜 교황을 만나러 바티칸에 갈까. 아프리카의 약소국과 중동의 이슬람 국가에서 미국, 러시아 등 초강대국에 이르기까지 국가의 최고 지도자들은 재임 기간 중 꼭 한두 번 교황과 면담(독대)하기 위해 바티칸을 방문한다. 미국의 트럼프와 바이든 대통령, 러시아 푸틴 대통령, 일본 아베 총리, 프랑스 마크롱 대통령, 독일 메르켈 총리 등 전현직 최고 지도자들이 바티칸을 찾았다. 러시아와 전쟁 중인 우크라이나 젤렌스키 대통령도 2024년 10월 바티칸에서 프란치스코 교황을 면담했다. 한국은 김대중 대통령이 2000년 3월 현직 대통령으로서는 처음으로 바티칸을 방문하여 요한 바오로 2세 교황을 만났다. 그 후 노무현, 이명박, 박근혜, 문재인까지 모든 대통령이 현직 때 바티칸을 찾았다.

김대중 대통령과 요한 바오로 2세 교황의 면담은 감동 그 자체였다. 76세의 정치인과 79세의 교황! 여든을 앞둔 두 거인은 그야말로 인생의 쓴맛 단맛 다 보고, 최고의 경지에 올라 있었다. 독실한 가톨릭 신자인 DJ와 가톨릭 대사제인 교황! 형장의 이슬로 사라질 뻔했던 사형수 DJ와 그의 구명 운동에 앞장선 '생명의 은인' 교황! 20년 전 사형수는 대통령이 되어 바티칸을 찾았다. 그리고 교황과 마주 앉았다. 무슨 말이 필요했을까. DJ는 만감이 교차했을 것이다. 당시 통역을 맡았던 분은 이렇게 회고했다.

"천하의 DJ 아닙니까. 그런데 성당의 착한 복사처럼 교황 앞에 '얌전히' 앉아 있더군요. 그 모습이 지금도 눈에 선합니다. 한동안 침묵이 흘렀어요. 교황이 먼저 말문을 열자, DJ도 가슴에 담아둔 말을 술술 풀어냅디다."

DJ와 교황의 특별한 인연은 1980년대로 거슬러 올라간다. 전두환 신군부 치하에서 '내란 음모죄'로 사형이 확정되었을 때, 요한 바오로 2세 교황은 미국 레이건 대통령 등과 함께 DJ의 목숨을 구하기 위해 발 벗고 나섰다. 전두환은 세계 여론의 압력을 이겨낼 수 없었다. DJ는 결국 살아났다! 바티칸을 찾은 날, 교황과 마주 앉은 DJ는 교황과의 면담에서 한반도 평화를 이야기했다.

노무현 대통령은 2007년 2월 베네딕토 16세 교황과 면담했다. 노 대통령은 바로 직전 타결된 6자회담 결과를 설명하고 한반도 평화를 위해 기도해달라고 부탁했다. 한국 방문도 공식 초청했다. 교황은 "체력이 허락하면 편리한 시기에 가겠다"라고 밝혔다.

이명박 대통령은 2009년 7월 G8 확대정상회의 참석차 로마를 방문했을 때 베네딕토 16세 교황을 만났다. 이 대통령은 김수환 추기경이 선종하여 자리가 비었으니 추기경을 추가 서임해줄 것을 요청했다.

박근혜 대통령은 2014년 8월 프란치스코 교황이 한국을 방문했을 때 처음 만났다. 이어 10월 ASEM 회의 참석차 밀라노를 방문했다가 바티칸에 들러 교황을 다시 만났다. 에볼라 바이러스, 기후변화 등 환경문제에 대해 대화를 나눴다. 프란치스코 교황은 이 자리에서 박 대통령에게 "하느님의 창조물을 지키는 것이 인간이 할 일이다. 하느님은 항상 용서하신다. 인간은 가끔 용서한다. 자연은 절대 용서하지 않는다"라고 말했다.

문재인 대통령은 2018년과 2021년 두 차례 바티칸을 방문하여 프란치스코 교황을 면담했다. 2018년에는 순방 일정에 넣어 바티칸을 찾아갔고, 2021년에는 G20 정상회의 참석차 로마에 갔다가 만났다. 교황은 문 대통령에게 북한 방문 의사를 밝혔다.

윤석열 대통령도 탄핵을 당하지 않았으면 바티칸을 찾아 교황을 직접 면담하지 않았을까 생각된다. 그는 대학 시절 명동성당에서 세례를 받은 천주교 신자(세례명 암브로시오)였지만 줄곧 냉담자로 지냈다.

바티칸을 찾은 5명의 대통령 가운데 이명박 대통령만 개신교 신자이고, 나머지 4명의 대통령은 모두 천주교 세례를 받았다. 김대중(토마스 모어)과 문재인(티모테오)은 독실한 가톨릭 신자이고 노무현(유스토)은 세례만 받고 냉담했지만 가톨릭의 가르침을 따라 살려고 노력했다. 박근혜(율리아나)는 가톨릭 학교를 다녔고 세례도 받았으나 줄곧 냉담했다.

전직 대통령들이 바티칸을 방문한 계기도 흥미롭다. 김대중·노무현·문재인 대통령은 바티칸을 공식 방문했고, 이명박과 박근혜 대통령은 국제회의 참석차 이탈리아에 갔다가 잠깐 바티칸에 들렀다.

교황청 행정 수반인 국무원장 추기경과의 의전에도 차이가 있다. 김대중은 교황 면담 후 소다노 추기경과 회담했다. 노무현은 베르토네 추기경과 회담과 오찬을, 문재인은 파롤린 추기경과 회담과 만찬을 함께 했다.

Sara Dispromibile

PART 4

바티칸과 평양의 밀월

교황청만의 룰

프란치스코 교황이 북한 김정은 국무위원장의 방북 요청을 수락했다는 청와대 발표가 나오자, 보수진영 일부에서 청와대 발표를 크게 오해하는 일이 벌어졌다. "청와대가 교황의 말씀을 '일방적으로' 발표했다"거나 "교황청 발표문에는 방북의 '방'자도 없다"는 말이 떠돌았다. 맞다! 청와대가 '일방적으로' 발표했고, 교황청 발표문에는 '북한', '김정은', '방북' 등의 단어가 하나도 없었다. 이를 근거(?)로 청와대가 교황 말씀을 왜곡·과장했다느니, 심지어는 대국민 사기극을 벌이고 있다느니 하는 말까지 나왔다. 완전 오해다. 무지의 소치다.

교황 독대는 고해성사의 개념

교황청은 세속 국가와 다른 교황청만의 고유한 룰을 갖고 움직이는 독특한 국가다. 문 대통령의 교황 면담은 종교적으로 표현하면 개별알현private audience이다. 개별알현은 일반알현general audience과 달리 배석자가 없는 독대獨對, 즉 단독면담이다. 중세 때부터 내려온 오랜 전통이라고 한다.

여기서 중요한 사실은 교황의 개별알현은 고해성사와 같은 개념으로 진행된다는 것이다. 사제는 신자들의 고해 내용을 절대 비밀로 유지해야 한다. 어떤 누구에게도 말하면 안 된다. 제3자가 고해 사제에게 신자의 고해 내용을 물어봐서도 안 된다. 그것은 고해 사제를 모욕하는 것과 마찬가지다. 비밀 유지 원칙이 지켜지지 않을 경우 어떤 신자가 사제에게 '자신이 지은 죄'를 진실하게 털어놓겠는가. 비밀을 지키지 않는 사제는 원천적으로 사제 자격이 없다.

따라서 프란치스코 교황은 문 대통령과 어떤 이야기를 했는지 절대 말하지 않는다. 교황청의 국무원장 추기경이나 외교장관, 대변인에게도 말하지 않는다. 그들도 교황에게 물어볼 수 없다. 그러나 교황과 면담한 당사자는 교황청의 사전 양해를 얻어 대화 내용 중 일부를 발표할 수 있다. 청와대가 '일방적으로' 발표한 이유가 바로 여기에 있다. 교황의 말씀을 왜

곡하거나 과장할 수도 있겠지만, 그것은 양심의 문제다. 나도 신임장 제정식을 한 다음 교황과 개별알현을 했고, 대화 내용 일부를 언론에 알렸다. 간단하게 구두로 사전 양해를 얻어서!

그러나 문 대통령의 개별알현은 위상이 다르기 때문에 공식 협의 과정을 거쳐 사전에 발표 방식을 정했다. 교황과의 단독면담은 영적이고 개인적인 만남의 성격이 있음을 감안하여 교황청에서는 주요 의제만 개괄적으로 간단하게 발표하기로 했고, 한국의 발표 수위와 구체적인 발표 내용에 대해서는 교황청이 관여하지 않으며 이는 전적으로 한국이 판단하여 정하기로 했다.

교황청의 프로토콜에 따르면 외국의 국가 정상은 교황과 '단독면담'을 한 뒤 자리를 옮겨 국무원장 추기경과 '정상회담'을 하게 되어 있다. '교황 면담, 국무원장 회담'은 하나의 세트로 진행된다. 이 또한 교황청만의 의전이다. 정상 만찬이나 정상 오찬의 파트너도 교황이 아니라 국무원장이다. 미국 트럼프 대통령도 2017년 5월 교황과 약 20분 단독면담을 한 뒤 국무원장과는 2시간 가까이 정상회담을 했다. 국가 현안에 대한 실질적인 논의는 참모를 배석한 가운데 진행되는 국무원장과의 정상회담에서 이루어진다. 프랑스 마크롱 대통령도 2018년 6월 바티칸을 방문하여 '교황 면담, 국무원장 회담'의 일정을 마친 뒤 파롤린 국무원장 추기경과 오찬을 함께 했다.

교황청 사도궁에서 교황을 면담(알현)하려는 사람들이 꼭 지켜야 할 예의가 몇 가지 있다. 가장 대표적인 사례가 드레스 코드다. 사도궁은 교황의 전용 공간이다. 흰색 계통의 옷을 입고 들어가면 곤란하다. 교황의 상징색이 흰색이다. 사도궁에서는 교황만이 흰색 옷을 입을 수 있다. 문 대통령이 교황을 면담할 때 수행했던 김정숙 여사도 검은색 계통의 옷에 검은색 미사포를 쓰고 갔다.

교황청이 자기만의 전통에 얽매여 있는 것 같지만 꼭 그렇지만은 않다. 세속 국가보다도 더 현실적인 국가 운영을 하는 사례가 적지 않다. 그러나 그 방식이 특이하다. 국가 정상의 순방 외교에서 논란이 되는 것 하나는 '방문의 격'이다. 어느 나라나 높은 '격'을 원한다. 방문의 격에는 국빈방문 State Visit, 공식방문 Official Visit, 실무방문 Working Visit, 사적방문 Private Visit 등 네 가지가 있다. 국빈방문은 품격이 가장 높은 의전이다. 그러나 외화내빈일 경우가 많다. 가성비가 가장 높은 격은 실무방문이다. 이런저런 격을 따지지 않고 실질적인 만남을 갖는 의전이다.

교황청은 대부분 실무방문으로 외국의 정상을 맞이한다. 국빈방문은 없어진 지 오래되었고 공식방문도 거의 없다. 그러나 대부분의 국가가 자기 나라 정상의 체면을 생각하여 격을 높게 하려고 한다. 교황청은 이 같은 현실적 문제를 고려하여 실제로는 실무방문이지만 공식 발표를 할 때는 공식방문이나 국빈방문으로 해도 좋다고 배려해준다. 문 대통령이 교황청을 방문했을 때도 사전 협의 절차를 거쳐 공식방문으로 하기로 했다. 그러나 교황청은 한국 대통령이 교황을 만났다는 사실관계만 언론에 간단하게 발표했을 뿐 공식방문이라는 말을 쓰지 않았다. 교황청은 특별한 경우를 제외하고 방문의 격, 즉 국빈·공식·실무 등의 용어를 사용하지 않고 방문했다는 사실만 공식 발표한다.

주이탈리아 대사의 겸임 불가

교황청은 외국과의 수교에서도 매우 유연한 방식을 택한다. 미국과의 수교가 대표적인 사례다. 미국은 단일국가 기준으로 가톨릭 신자가 많은 '가톨릭 대국'이다. 미국 국민의 종교 비율은 대략 개신교 50%, 가톨릭 25%로 알려져 있다. 유럽, 남미 등 그리스도교 문명권의 대부분의 나라가 교황청과 오랜 수교 관계를 유지하고 있었지만 미국은 예외였다. 레이건 대통령 때(1984년) 비로소 공식 수교했다. 한국(1963년)보다도 더 늦다. 교황청은 미국과 공식 수교 관계를 맺지 않았지만 종교적 차원의 교류와 협력은 여느 나라 못지않게 활발하게 했다. 현재 베트남이 비슷한 케이스라고 할 수 있다. 베트남은 동아시아의 전통적인 가톨릭 강국(신자 약 740만 명)이지만 2023년 말에야 비로소 교황사절을 상주시켰다. 아직 공식 수교 관계는 맺지 않고 있다. 그러나 가톨릭 차원에서의 교류와 협력은 잘 진행되고 있다. 교황청과 북한이 관계 개선을 꾀할 경우 베트남 방식을 채택할 가능성이 커 교황청-베트남 관계가 주목되고 있다.

교황청이 외국과 수교 협약을 맺을 때 로마에 상주하는 주이탈리아 대사가 있더라도 주교황청 대사를 겸임하지 못하게 한다는 사실도 흥미롭다. 만약 이를 허용한다면 대다수의 국가들이 주이탈리아 대사로 하여금 주교황청 대사를 겸임하도록 할 가능성이 높다. 주교황청 대사관의 역사가 주이탈리아 대사관보다 훨씬 오래되었음에도 불구하고 말이다. 교황청과 수교는 했지만 상주 대사를 두지 않은 나라는 스위스, 오스트리아 등 이탈리아 주변국의 대사가 교황청 대사를 겸임하고 있다.

교황청이 수교한 국가가 180개국이 넘지만 로마에 상주 대사를 두고 있는 국가는 80여 개에 불과하다. 한국도 수교 초기에는 스위스 대사가 11년 동안 교황청 대사를 겸임했다. 이탈리아와 교황청도 공식 수교 관계를 맺고 있다. 따라서 주교황청 이탈리아대사관과 주이탈리아 교황청대사관이 로마에 있다.

협상의 물꼬를 터준 교황

"염수정 추기경님이 굉장히 섭섭해할 것 같다."

"잘 알고 있다. 교황님께서 적절한 방법으로 배려해주실 것이다."

만약 프란치스코 교황의 전용기가 평양순안국제공항에 착륙할 경우 교회 차원에서는 누가 영접해야 하나? 교회법적으로는 당연히 평양교구장의 몫이다. 그러나 평양교구장은 공석이고 서울대교구장이 그 자리를 겸직하고 있다. 2019년 당시 서울대교구장은 염수정 추기경이었다. 원칙대로라면 염 추기경이 평양에 올라가 교황을 영접해야 한다. 현실적으로 이것이 가능할까? 전혀 불가능하다. 국제법적으로는 남한(대한민국)과 북한(조선민주주의인민공화국)은 별개의 국가다. 남북은 유엔에 동시 가입되어 있다. 민족 분단의 역사를 안고 있는 한반도는 교구 관할구역에서 교회법과 국제법의 아귀가 맞지 않는 미스매치 상태로 남아 있다.

이 점에서 교회법은 우리나라 헌법과 유사하다. 우리 헌법(제3조)은 "대한민국의 영토는 한반도와 그 부속도서로 한다"고 규정하고 있다. 이북5도청에는 5명의 도지사가 임명되어 있다. 5명의 도지사는 순수 명예직이다. 교황청 관계자는 "서울대교구장이 평양교구를 관할하고 있지만 이것은 원칙의 문제일 뿐이다. 현실에서는 어떤 효력도 미치지 못하고 있다. 이런 상황에서 염 추기경의 평양행을 논의할 수 있겠는가. 그것은 현실적으로 불가능한 일이다"고 말하면서 이탈리아 속담을 하나 들려줬다. "고양이를 길들일 때는 털 방향으로 쓰다듬어 줘야 한다. 그래야 내 고양이가 된다. 그렇게 하지 않으면 멀어진다." 프란치스코 교황은 원칙(교회법)보다는 현실(국제법)을 택했다. 원칙만을 고집할 경우 교황 방북은 현실적으로 불가능하다.

"나는 교황이기 이전에 선교사다!"

프란치스코 교황의 방북을 가톨릭 사제들이 모두 찬성한

것은 아니다. 일부 보수적인 사제들은 시기상조론을 들어 교황의 방북을 사실상 반대했다. 교황청 내부에도 반대파가 적지 않았고 한국에도 상당히 있었다. 시기상조론자들의 반대 명분은 북한에는 사제가 없다는 사실과 북한이 교황 방북을 체제 선전에 이용할 것이라는 우려였다. 둘 다 팩트다. 교황은 전통적으로 가톨릭 사제가 없는 나라를 방문하지 않는다. 이것은 교황청의 전통이고 원칙이다. 실제로 북한은 교황청이 인정하는 가톨릭 사제가 한 명도 없는 '가톨릭의 황무지'다.

프란치스코 교황은 2019년 1월 초순 교황청 내부의 의견을 정리하는 결단을 내렸다. 교황청의 다른 관계자는 당시 상황을 이렇게 전해주었다.

"교황님의 방북에 대해 찬성하는 사제와 시기상조론을 펼치는 사제 등 여러 사제가 교황님 임석 하에 자유토론을 벌였다. 예상대로 여러 가지 의견이 나왔다. 교황님은 사제들의 의견을 경청하신 다음 이런 말씀을 하셨다. '나는 교황이기 이전에 선교사다. 사제가 없기 때문에 갈 수 없다가 아니라 사제가 없기 때문에 가야 한다. 나는 북한에 갈 것이다. 준비 잘 해달라.' 이날 회의로 교황청의 의견이 모두 정리되었다."

프란치스코 교황이 '가톨릭 황무지'에 가겠다고 한 결단은 16세기 프란치스코 하비에르 신부(일본 선교)와 마테오 리치 신부(중국 선교)를 떠올리게 했다. 두 성인 모두 예수회 출신의 선교사다. 당시 일본과 중국은 '가톨릭 황무지'였다. 프란치스코 하비에르와 마테오 리치는 황무지에 심을 겨자씨 한 줌 들고 일본과 중국에 들어갔다. "겨자씨는 어떤 씨앗보다도 작지만, 자라면 어떤 풀보다도 커져 나무가 되고 하늘의 새들이 와서 그 가지에 깃들인다."(마태 13,32) 프란치스코 교황도 겨자씨 한 줌을 들고 '가톨릭 황무지'에 가서 뿌리고자 했다.

북한은 대내적으로 김정은 위원장이 교황과 같은 위상의 인물이라고 인민들에게 선전하여 권력 기반을 강화하려 할 것이고, 대외적으로는 북한에도 종교의 자유가 있는 것처럼 홍보하려 할 것이다. 교황청도 이를 인정하고 있다. 교황청 관계자는 "단기적으로는 북한 당국이 교황의 방북을 체제 선전에 활용할 수 있겠지만 중장기적으로는 북한 내부에 종교의 자유를 확보하고 북한 사회의 외부 개방을 촉진하는 계기가 될 수 있다"고 말했다.

프란치스코 교황이 교황 순방에 얽혀 있던 '원칙의 굴레'와 '전통의 굴레'를 걷어내면서 교황 방북의 실무협상에 물꼬가 터진 것이다.

바티칸과 평양, 작전하듯 급물살

교황의 방북 프로젝트는 급물살을 타는 분위기였다. 바티칸과 평양이 같은 목적지로의 여정을 위해 각자 분주히 움직이는 모습이 확연히 관측되었다. 바티칸과 평양은 서로 약속이라도 한 듯 손발을 맞추고 합동작전을 펼치는 듯했다. 바티칸은 북한으로부터 교황 방북 초청장이 올 것에 대비하여 실무적으로 만반의 준비를 하는 모습이었다. 한국 정부에 평양과 직접 소통할 수 있는 채널을 주선해달라고 직접 요청하기도 했다. 초청장이 오면 즉시 가동할 수 있는 직통 채널을 미리 준비해놓으려는 요량이었다.

한국대사관도 나름 많은 준비를 하고 있었다. 연합뉴스 현윤경 로마 특파원 임기를 서울 본사와 협의하여 2019년 4월에서 7월로 3개월 연장했다. 교황의 방북 시기가 2019년 상반기(5~7월)로 예상되었기 때문이었다. 현 특파원은 바티칸 기자실의 유일한 한국 기자였다. 그는 이탈리아어와 영어 실력이 출중하여 교황 단독 인터뷰는 물론이고 평양에서 한국어로 진행되는 정상회담 등 각종 행사를 생생하게 취재하여 제대로 보도할 수 있는 기자였다.

교황 방북의 기본 원칙

프란치스코 교황의 '소노 디스포니빌레' 발언 이후 교황의 방북 프로젝트가 수면 위로 올라오기 시작했다. 바티칸의 분위기가 예사롭지 않았다. 20여 년간의 언론인 생활 덕분에 몸에 배어 있는 '기자 감각'이 작동하기 시작했다. 오동잎 하나가 떨어지는 것을 보고 가을이 오고 있음을 알아차린다는 말이 있다. 바티칸에 '방북 오동잎'이 우수수 떨어졌다. 평소에는 볼 수 없었던 일들이 연이어 포착되었다.

교황청은 매년 1월 초 외교단의 대사 부부를 초청하여 사도궁 1층 '왕의 방Sala Regia'에서 신년 하례회를 갖는다. 2019년 1월 7일, 새해 벽두 프란치스코 교황은 신년 하례회에서 두 귀를 쫑긋하게 하는 발언을 했다. "긍정적인 신호들이 한반도로부터 도착하고 있다(Positive signs are arriving from the Korean Peninsula)!" 다른 사람들이야 원론적인 이야기로 흘려들었을지 모르지만, 교황청과 북한의 동향을 예의주시하고 있던 나에게는 중요한 단서였다.

'비밀의 성'으로 불리는 바티칸에서 내부 정보를 알아내는 것은 무척 어려운 일이다. 비밀 엄수가 체질화되어 있는 사제들은 입에 지퍼를 채워놓고 일한다. 그러나 자그마한 쪼가리 정보라도 여러 개를 한데 모아놓고 보면 큰 그림이 그려질 때가 있다. 이런 경우에는 설익은 정보라도 많을수록 좋은 법이다. 정보 수집에는 왕도가 없다. 발로 뛰는 수밖에! 바티칸 안팎의 인사들을 두루 만나야 했다. 바티칸 내부 관계자, 외교단의 주요 대사, 바티칸 출입기자 등과 접촉했다. 기자들은 누구나 특유의 촉을 갖고 있다. 특히 로이터통신의 필립 풀렐라 Philip Pullella 특파원은 바티칸 출입만 39년째라 했다. 정말 대단한 경력의 베테랑 언론인이다. 복음화부 소속 부편집장 파올로 아파타토 Paolo Affatato 기자는 아시아 지역의 정보통이었다. 두 언론인으로부터 교황 방북 프로젝트에 대해 많은 이야기를 들을 수 있었다.

시스티나 경당에서 신년 하례회를 마친 교황과 외교단 대사들이 기념 사진을 찍고 있다. ⓒ 교황청

한국 패싱? 그것은 현실!

2018년 11월, 권혁운 공사와 함께 교황청 관계자를 만나 저녁 식사를 함께 했다. 교황청 주변에서, 그리고 서울에서 그럴듯한 이야기들이 많이 떠돌고 있던 때였다. 근거가 확실한 정보도 있었지만 대부분 근거 없는 루머 수준이었고, 창작 수준의 가짜 뉴스도 더러 있었다. 이 관계자는 한국대사관과의 협력 차원에서 교황청의 입장을 알려주었다. 그는 프란치스코 교황이 실무팀에게 두 가지 지침을 내렸다고 말해줬다. 하나는 "기존의 관행과 의전을 모두 넘어서라"는 것이었다. 종교 지도자인 교황의 순방 행사에는 까다롭고 복잡한 의전이 많다. 공항 영접은 하나의 사례에 불과하다. 다른 하나는 "한국 정부와 한국 교회(가톨릭)가 개입하지 말게 하라"는 것이었다. 한국 정부와 한국 교회는 존재감을 드러내서는 안 된다고 했다는 것이다. 필요할 경우 물밑에서 조용히 지원해주면 좋겠다는 바람이 담겨 있는 주문이었다. 소위 '한국 패싱'이었다.

외교부 본부와 청와대에 이 같은 정보 사항을 모두 보고했다. 교황청의 '한국 패싱'은 국제사회의 기준으로 봤을 때는 당연한 조치였지만 한반도의 특수성과 가톨릭 내부의 질서를 감안할 때는 정서적으로 와닿지 않는 내용이었다. 그러나 교황 순방은 개별 국가의 외교 행위라는 점에서 한국 정부와 한국 교회가 받아들이지 않을 수 없었다. 문재인 대통령도 교황 면담 후 참모들에게 이 원칙을 설명해주었다.

교황의 해외 순방에는 사목적 차원의 품위가 충족되어야 한다. 프란치스코 교황의 방북을 성사시키기 위해 아무리 현실적인 접근을 하고 '전통의 굴레'와 '원칙의 굴레'를 벗어던진다 하더라도 반드시 충족되어야 할 최소한의 조건이 있다는 말이다. 교황의 방북은 그 자체가 기적이라 할 정도로 역사적 의미가 크다고 할 수 있지만, 이렇다 할 성과도 없이 빈손으로 갔다가 빈손으로 돌아올 수는 없다. 프란치스코 교황이 2019년 1월 교황청 내부 토론회에서 밝힌 어록에 모든 것이 담겨 있다. "나는 교황이기 이전에 선교사다." "사제가 없기 때문에 가야 한다." 평범한 말 같지만 결코 평범하지 않다. 북한의 현실 모순을 정확히 꿰뚫고 있는 말이다.

북한에는 신앙의 자유가 있다고 하지만, 선교의 자유는 없다. 북한 헌법(68조)은 "공민은 신앙의 자유를 가진다"고 규정하고 있다. 그러나 허울뿐이다. 북한은 자신의 신앙(종교)을 타인에게 어떤 형태로든 권유하거나 홍보·선전할 경우 이를 불법으로 규정하여 엄벌에 처한다. 예를 들어 성경을 허가 없이 소지하는 것만으로도 중대범죄로 처형될 수 있다. 이 규범은 가족에게도 적용된다. 이현령비현령耳懸鈴鼻懸鈴 식의 법 집행이어서 모든 신앙 활동을 불법행위로 엮을 수 있다. 북한은 선교 활동을 광범위하게 금지하는 정책을 통해 신앙의 자유를 말살해버렸다. '신앙은 자유, 선교는 금지', 이런 모순이 어디에 또 있을까. 종교의 자유는 신앙의 자유와 선교의 자유가 모두 충족되었을 때 가능하다. 어느 하나라도 금지하면 종교의 자유는 사실상 없는 것과 같다. 북한이 이런 케이스다. 2000년 3월 김대중 대통령을 만난 요한 바오로 2세 교황도 북한에는 선교의 자유가 없다는 사실을 언급했다.

핵심 쟁점은 '선교의 자유'

교황청은 교황 방북을 위한 최소한의 조건으로 "프란치스코 교황에게 '선교사에 걸맞은 대우'를 해달라"고 요구할 참이었다. 핵심 쟁점은 사실상 선교의 자유였다. 교황청은 최소한 베트남이나 중국만큼의 수준이라도 선교의 자유를 받아내겠다는 요량이었고, 김정은 위원장이 이 정도는 수용할 것으로 기대했다.

교황청은 프란치스코 교황의 방북에 정치적 시선이 과도하게 쏠리는 분위기를 무척 부담스러워했다. 교황의 순방은 어떤 경우에도 사목적 목적을 달성하는 것이 최우선이고 정치적 목적 구현은 그다음이다. 교황청이 북한에 요구할 사목적 내용은 다음과 같았다.

① 북한 당국이 가톨릭 공동체의 법적 지위를 인정해야 한다.
② 장충성당 등 가톨릭 공동체에서 교황청이 인정하는 신부가 미사를 집전할 수 있어야 한다.
③ 북한의 가톨릭 신자들이 탄압의 두려움 없이 미사에 참여할 수 있어야 한다.
④ 종교를 믿는다는 이유로 감옥에 갇혀 있는 사람이 있다면 어떤 종교인지 따지지 말고 모두 석방해야 한다.
⑤ 종교 단체의 인도적 지원을 허용해야 한다.

핵심적인 요구는 선교의 자유지만, 명시적으로 표현하지 않았다. 5개의 요구 사항이 모두 관철되면 그것이 선교의 자유를 허용하는 것을 의미하기 때문이다. 교황청은 구태여 북한이 싫어하는 표현을 구사하여 자존심을 상하게 하는 등 자극할 필요가 없다는 판단을 했을 것이다.

교황청은 이와 함께 평양교구의 주교좌 성당과 베네딕토회 덕원수도원(함경남도 원산) 등 남북 분단 이전의 가톨릭 종교시설을 복원하는 방안도 갖고 있었다. 또 평양교구가 실질적으로 활성화할 경우 주교 1명과 신부 2~3명의 평양 상주가 필요하다고 판단, 평양에 어떤 신부를 파견할지도 구상하고 있었다. 북한 당국이 한국 신부에 대해 거부감을 가질 것으로 예상하고 이탈리아 등 제3국의 비한국인 신부 가운데 한국어와 이탈리아어(또는 영어)를 구사할 수 있는 사람을 미리 파악해놓기도 했다.

비오 11세, "악마와도 협상해야!"

가장 큰 걸림돌은 북한의 인권 문제였다. 인권을 최고의 가치로 여기는 교황청 외교에서 이 문제를 덮어놓고 교황 방북을 추진할 수는 없는 노릇이었다.

평창동계올림픽 이후 프란치스코 교황의 방북 프로젝트가 가시화하면서 북한의 인권 문제가 이와 연계되어 논란이 되었다. 특히 보수 진영에서 북한의 인권 문제를 물고 늘어졌다. 갈라거 외교장관이 2018년 7월 한국을 방문했을 때 국회에서 가톨릭 신자 국회의원들을 만났다. 한 야당(현 국민의힘) 의원이 "교황청이 왜 북한의 인권 탄압에 대해 목소리를 내지 않느냐"고 불만을 표출했다. 이에 대해 갈라거 장관은 "전쟁이 나면 모든 게 끝이다. 인권을 이야기할 틈도 없게 된다. 평화를 우선 정착시킨 뒤 인권을 논의하는 방식으로 한 단계,

한 단계 나아가는 것이 중요하다"는 견해를 밝혔다. 교황청 관계자는 이와 관련해 "갈라거 장관의 입장을 교황청의 공식 입장으로 봐도 무방하다. 일단 북한과 화해의 물꼬를 트는 것이 중요하다"고 말했다. 비오 11세 교황은 1920년대 악명 높았던 소련 공산당의 스탈린 서기장과 협상을 하면서 이런 말을 남겼다. "단 하나의 영혼이라도 구원할 수 있고 더 큰 해악을 막는 일이 중요하다면, 우리는 악마와도 협상할 용기를 가져야 한다."*

---

* 루트비히 링 아이펠, 《세계의 절대권력 바티칸 제국》, 김수은 옮김, 열대림, 2005, 81쪽.

평양의 속셈

평양이 바빠졌다. 평양의 시계가 바티칸보다 더 빨리 돌아가고 있었다. 바티칸이 새마을호라면 평양은 KTX였다. 평양이 쫓기듯 서두르고 있다는 인상을 지울 수 없었다.

북한의 조선중앙통신은 2018년 12월 초순 특별한 뉴스 한 꼭지를 사진과 함께 평양발로 보도했다. 북한의 정부 수반이자 의전서열 1위인 김영남 최고인민회의 상임위원장이 산에지디오의 마르코 임팔리아조 회장 일행을 만수대 의사당으로 초대하여 환담하는 모습이었다. 산에지디오는 교황청 산하의 국제 자선기관으로 의료 지원과 교육 지원 등을 하고 있다. 북한이 2017년 핵실험(6차)을 강행하자 미국과 유엔은 북한에 대한 제재를 더욱 강화하여 대부분의 국제 자선기관이 대북 지원을 사실상 중단한 상태에 있었으나 산에지디오만은 북한과의 관계를 꾸준히 유지하고 있었다. 산에지디오는 자선 활동만 하는 게 아니라 분쟁 지역에서 평화 중재 활동도 하고 있다. 모잠비크 평화 중재(1992년)에 적지 않은 기여를 한 게 대표적인 사례다. 북한으로서는 산에지디오가 무척 고마웠던지 산에지디오 회장 일행을 극진히 대접했다. 임팔리아조 회장 일행은 김영남 위원장을 예방한 데 이어 임천일 외무성 부상과 평양외국어대학 교수와 학생 등을 만났고, 장충성당(가톨릭)과 정백성당(러시아 정교회) 등을 둘러봤다.

북한, 산에지디오 회장 일행 환대

김영남 위원장으로서는 불과 1개월 전(2018년 11월) 로마에서 일어났던 일을 생각하면 만감이 교차했을 것이다. 주이탈리아 북한대사관의 조성길 대사대리 부부의 망명 사건은 북한에 큰 충격을 주었다.

조성길 대사대리 부부는 11월 초 고등학생 딸을 집에 두고 어디론가 잠적해버렸다. 전 세계 언론기관의 기자들과 정보기관의 요원들이 그들을 추적했고 북한의 국가안전보위부 요원들이 로마에 급파되어 대사관을 장악했다. 한국 기자들도 로마에 대거 몰려왔다. 왜 딸을 남겨두고 갔을까. 조성길의

딸에게 세인의 관심이 집중되었다. 딸의 출국 허용 여부를 놓고 이탈리아 정보기관과 북한의 국가안전보위부 사이에 실랑이가 벌어졌다. 이탈리아 당국은 딸의 자유의사를 확인한 다음 출국을 허용한 것으로 알려졌다. 딸은 김정은 체제에 대한 충성심이 강했던 반면 부모는 그렇지 않았다고 한다. 국가관이 달라 스스로 이산가족이 되었다는 것이다. 이런저런 스토리가 한동안 유럽 언론을 장식했다. 북한으로서는 무척 당혹스러웠을 것이다. 그러나 김영남 위원장은 '로마의 슬픔'을 짐짓 모른 척하고 로마에서 온 산에지디오 회장 일행을 반갑게 맞이했다. 더 중요한 국가적 과업 때문이었을 것이다.

북한의 조선종교인협의회(회장 강지영)가 성탄절을 맞아 예전에는 안 하던 이벤트를 하나 했다. 남한의 그리스도교 단체인 한국그리스도교신앙과직제협의회(신앙과직제)에 1분 38초 분량의 성탄 축하 영상 메시지를 보내준 것이다. 신앙과직제는 천주교, 개신교, 정교회 등 한국 그리스도인들의 일치운동 협의체다. 북측의 성탄 메시지는 이전에도 있었으나 동영상으로 제작된 메시지는 처음이었다. 그리스도교 문명권의 환심을 사고, 종교에 대한 개방적인 태도를 부각하려는 의도가 담긴 것으로 풀이되었다.

최고의 하이라이트는 2019년 2월 라테라노 대성전에서 열린 산에지디오 창립 51주년 기념행사였다. 주이탈리아 북한 대사관의 김천 대사대리가 박명길 서기관과 함께 이 행사의 리셉션에 참석했다. 종교 활동을 엄격히 금지하고 있는 북한의 고위 외교관이 교황청 산하기관의 공식적인 종교 행사의 리셉션에 공개적으로 참석한 것은 그 자체로 중대한 변화를 의미했다.

산에지디오에 평양사무소 개설 요청

산에지디오 임팔리아조 회장의 북한 방문 이야기를 듣다가 중요한 정보를 하나 건졌다. 북한 당국이 임팔리아조 회장에게 산에지디오 평양사무소 개설을 제안했다는 것이다. 평양에 산에지디오 사무소가 생길 경우 교황청과 북한을 연결하는 거점 역할을 할 수 있다는 점에서 큰 관심을 끌었다. 우리나라도 북방 정책을 추진하면서 공산국가와 수교할 때 먼저 대한무역투자진흥공사KOTRA를 진출시켜 가교 역할을 하게 했다. 어느 나라나 정식 수교 전에 정부 산하기관이나 정부에 우호적인 비정부기관NGO을 두어 연락관 역할을 하도록 하는 것이 관례다. 교황청도 현재 미수교국에 대해서는 현지에 진출해 있는 산하 단체나 수도회 등이 정보 교환 등 가교 역할을 하고 있다. 산에지디오 관계자는 "평양사무소 개설 제의를 받았지만 미국의 대북 제재 조치가 워낙 강력해 사무소를 개설해봤자 할 수 있는 역할이 극히 제한적일 수밖에 없었다"고 밝혔다. 산에지디오 평양사무소 개설은 결국 실현되지 않았지만, 북한 당국이 이런 제안을 했다는 것은 그들이 얼마나 교황청과의 관계 개선을 원하고 있는지를 충분히 보여준 일이었다.

일본의 긴장, 중국의 관망

프란치스코 교황의 '소노 디스포니빌레' 발언은 이웃 나라 일본과 중국에 미묘한 파장을 일으켰다. 일본은 안절부절못하며 긴장했고, 중국은 대륙에 미칠 영향을 예의주시하면서 조용히 관망했다.

독실한 가톨릭 신자인 주교황청 일본 대사 부부와 친하게 지냈다. 요시오 나카무라 일본 대사는 2018년 2월 첫 만남에서 자신의 미션을 솔직히 털어놨다. "프란치스코 교황님이 한국을 너무 좋아하시는 것 같다. 취임하자마자 아시아 국가로는 이스라엘 다음으로 한국을 방문하지 않았느냐. 일본 방문은 아직 계획이 없으시다. 한국에는 현재 추기경이 두 분 계시는데, 일본에는 한 명도 없다. 교황님의 방일을 성사시키고 추기경 한 명이 탄생하도록 하는 것이 나의 미션이다." 나카무라 대사의 말은 맞다. 프란치스코 교황은 2013년 3월 착좌 후 브라질과 이스라엘에 이어 2014년 8월 한국을 방문했다. 2018년 2월 당시 한국에는 정진석 추기경과 염수정 추기경이 있었지만 일본에는 추기경이 한 명도 없었다. 이후 2018년 5월 일본 오사카대교구의 마에다 만요前田万葉 대주교가 추기경에 서임되면서 일본 대사의 미션 하나가 완수되었다. 프란치스코 교황은 2024년 10월 도쿄대교구의 기쿠치 이사오菊地功 대주교를 추기경으로 추가 임명했다.

일본, 교황 방일과 방북 분리 요구

프란치스코 교황의 방일 프로젝트는 일본 교회(일본천주교주교회의, 일본가톨릭중앙협의회CBCJ)는 물론이고 일본 정부 차원에서 적극적으로 추진되었다. 신임 나루히토 일왕 즉위식(2019년 10월)과 도쿄하계올림픽(2020년 7월)을 앞두고 있던 일본으로서는 국내외 분위기 조성 차원에서라도 프란치스코 교황의 방일이 꼭 필요한 상황이었다. 일본의 노력이 통했다. 교황청은 일본의 간절한 요청을 받아들여 일왕 즉위식 다음 달(2019년 11월) 방문한다는 계획을 확정했다.

문제는 그 뒤에 터졌다. 프란치스코 교황의 방북 프로젝트가 가시화하면서 교황청 안팎에서, 교황의 건강(고령)을 생각해서 일본 가는 길에 북한도 함께 방문하는 것이 좋겠다는 여론이 힘을 얻고 있었다. 교황의 순방 일정은 최종적으로 국무부에서 결정한다. 국무부 관계자는 "국무부 주관으로 국무부, 외교부, 복음화부 등 관계 부서 실무자들이 교황님의 방북 시기를 놓고 회의를 했다. 대부분의 참석자가 교황님의 건강을 생각할 때 10시간이 넘는 장거리 비행을 1년에 두 번 하는 것은 무리라는 점을 지적했다. 교황님이 일본 가는 길에 홍콩과 북한을 함께 방문하는 방안을 강구해보자는 의견이 많았다"고 말했다.

　　일본으로서는 최악의 시나리오였다. 주교황청 일본대사관은 비상 체제를 가동해 교황의 방일과 방북을 분리하는 '작전'에 돌입했다. 교황이 일본과 북한을 동시에 방문할 경우 교황의 일본 뉴스는 관심 밖으로 밀려나버릴 게 뻔했기 때문이다. 어렵게 교황 방일을 확약받아놓고 손님 맞을 준비를 하고 있던 일본은 난감할 수밖에 없었다. 교황청 국무부 관계자의 전언에 따르면, 요시오 나카무라 일본 대사는 교황청을 황급히 찾아와서 사정했다. "교황님의 북한 방문을 반대하지 않는다. 그러나 교황님이 일본을 방문하는 길에 북한에 들르는 것은 곤란하다. 교황님 방일에는 일본이 주인공이 되게 해달라."

많은 논의 끝에 북한과 일본 방문은 결국 분리하는 쪽으로 가닥이 잡혔다. 방북은 2019년 상반기, 방일은 2019년 하반기로! 외교부의 루키니 몬시뇰은 "우리에게는 한국, 일본, 북한 모두 중요하다. 여러 사정을 감안할 때 일본과 북한 방문을 연계하는 것은 적절치 않아 보인다"고 입장을 밝혔다. 프란치스코 교황은 결국 2019년 11월 일본을 방문했다.

일본 정부는 프란치스코 교황의 방일을 계기로 교황에 대한 공식 명칭을 개정했다. 프란치스코 교황 방일 전까지만 해도 일본 교회와 일본 정부가 각각 다르게 불렀다. 일본 교회는 '교황', 일본 정부는 '로마 법왕法王'이라는 호칭을 쓴 것이다. 일본의 모든 언론은 정부 방침에 따라 프란치스코 교황을 '로마 법왕'이라고 보도했다. 그러나 일본 정부가 프란치스코 교황의 방일을 계기로 '로마 법왕' 대신 '교황'이라 불렀고 일본 언론도 '교황'이라는 명칭으로 보도했다. 일본 교회, 일본 정부, 일본 언론이 교황 명칭을 '교황'으로 통일한 것이다.

중국, 교황 방북의 파장 예의주시

중국은 교황청과 외교 관계가 없다. 두 나라는 2018년 9월 '주교 임명에 관한 잠정 합의'에 서명, 관계 개선의 물꼬를 텄지만 예측 가능한 로드맵이 아직 나오지 않고 있다. 협정 시한이 2년이어서 2년마다 시한을 연장하는 협정을 하고 있다. 과거 중국에는 두 개의 가톨릭이 있었다. 애국 교회와 지하 교회. 애국 교회는 중국 공산당이 주교를 임명하고 신자들을 통제하는 관변 가톨릭이고, 지하 교회는 중국 공산당의 통제를 거부한 채 교황청의 교리에 따라 하느님을 믿고 섬기는 순수 가톨릭이다. 교황청과 중국이 '주교 임명에 관한 잠정 합의'를 체결하면서 애국 교회와 지하 교회가 통합되었다. 중국 공산당은 신자 수가 날로 늘고 있는 가톨릭을 언제까지 이대로 둘 것인지 고민하지 않을 수 없다. 교황청도 지구상에 남은 마지막 '최대 시장'을 언제까지 이대로 둘 것인지 고민하지 않을 수 없다. 두 나라의 이해관계가 맞아떨어져 '주교 임명에 관한 잠정 합의'가 나왔다고 할 수 있다. 교황청에서는 중국 정부가 임명하는 주교를 받아들이고, 중국에서는 교황을 가톨릭교회 최고 지도자로 인정해 교황에게 최종 결정권을 부여하는 방식으로 절충점을 찾았다.

프란치스코 교황의 방북은 중국에 어떤 영향을 미칠까, 많은 궁금증을 자아내게 했다. 적지 않은 중국 신부와 중국 수녀가 바티칸에서 사도직을 하고 있다. 또 로마에 유학 중인 중국 신부가 200명이 넘는다. 교황청에서 중국 문제를 담당하는 사제들과 저녁 식사를 하면서 중국 상황에 대한 이야기를 들었다. 한 관계자는 "현재 중국에서 가톨릭의 영향력이 크게 확대되고 있다. 공산당 내부에도 가톨릭 신자가 있는 것으로 알고 있다"고 말했다.

신앙의 힘은 강력하다. 고대 로마 시대 그리스도교 박해가 혹독했던 시절에도 황제 측근에 신자들이 있었다. 세바스티아노 성인이 대표적인 사례다. 황제의 친위대장이었던 성인은 황제 몰래 그리스도교를 믿었으나 독실한 신자임이 드러나면서 처참하게 처형당했다. 신비스러운 일은 세바스티아노 성인의 순교 사건을 계기로 로마에 그리스도교 신자가 크게 늘었다는 사실이다. 이 관계자는 "중국 공산당은 프란치스코 교황의 북한 방문을 못마땅하게 여길 것이고 방해할지도 모른다. 자칫 교황의 방북이 대륙의 신심을 뒤흔들 수 있기 때문이다"라고 강조했다. 교통과 통신이 발달한 21세기에 중국 공산당인들 어떻게 '교황 바람'을 통제할 수 있겠는가. 요한 바오로 2세 교황의 폴란드 방문(1979년)은 폴란드는 물론이고 동구권 전체에 '교황 바람'을 일으켜 동구권의 개방과 민주화를 앞당겼다. 중국 공산당이 이 같은 역사적 사실을 모를 리 없다.

2019년 3월 시진핑 중국 주석이 일대일로 정책 추진을 위해 로마를 방문했을 때 교황청은 프란치스코 교황과의 면담을 은근히 기대했다. 그러나 시진핑은 아무 말 없이 로마를 떠났다. 프란치스코 교황은 내심 중국 방문을 원하고 있다. 그러나 중국은 이렇다 할 응답이 없다. 교황청의 다른 관계자에게 중국이 교황을 초청할 준비가 되어 있느냐고 묻자 "교황은 시진핑 주석을 어디서든 만날 준비가 되어 있다고 밝힌 바 있지만, 아직 중국은 교황을 맞이할 준비가 되어 있지 않다"고 말했다. 중국 공산당은 교황의 중국 방문 또는 시 주석과 교황의 만남 등을 통해 과도한 바람(가톨릭의 영향력)이 중국 내에 부는 것을 바라지 않고 있다.

중국은 교황청의 관계 개선 입장에 대해서는 반대하지 않고 있다. 교황청의 파롤린 국무원장 추기경이 2024년 5월 중국에 대표부 설치를 희망한다고 공개적으로 밝히자, 왕원빈汪文斌 중국 외교부 대변인은 "중국과 교황청은 양국 관계와 국제적 핫이슈에 대해 깊은 소통을 유지하고 있다. 양국 관계의 지속적인 개선을 촉진하기 위해 기꺼이 협력할 것"이라고 말했다. 교황청의 구체적인 제안에 중국은 원론적인 응답만 한 것이다. 중국의 고민을 짐작할 수 있다. 중국 공산당은 2018~2019년 프란치스코 교황의 방북 프로젝트가 심도 있게 진행되고 있을 때 무거운 마음으로 지켜보고 있었을 것이다.

아, 하노이

세계 언론의 모든 시선이 베트남 하노이를 향하고 있었다. 2019년 2월 27~28일, 하노이 소피텔 레전드 메트로폴 호텔. 트럼프 대통령과 김정은 국무위원장은 북미정상회담(2차)을 가졌다. 북한과 미국의 적대 관계가 과연 끝날 수 있을까? 미국은 북한의 안전 보장을 약속해야 하고, 북한은 핵무기 프로그램을 포기해야 하는데 과연 실현될 수 있을까? 세계 유력 언론과 안보 전문가들은 거의 대부분 긍정적인 전망을 했다. 프란치스코 교황의 방북 프로젝트를 추진 중이던 교황청도 하노이를 예의주시했다.

나는 하노이 회담을 지켜보면서 1989년 12월의 몰타를 떠올렸다. 미국의 조지 H. W. 부시(아버지 부시) 대통령과 소련의 고르바초프 공산당 서기장이 세계사에 길이 남을 미소정상회담을 했던 곳, 지중해의 작은 섬나라 몰타! 고르바초프는 회담을 마친 뒤 기자회견에서 "우리는 더 이상 적이 아니다"라고 선언했다. 부시 대통령도 "우리는 지속 가능한 평화를 현실화하고 동서 관계를 항구적인 평화 체제로 바꿔나가기로 했다"고 화답했다. 이 몰타회담을 계기로 냉전 체제는 붕괴되었다.

통한의 '하노이 노 딜'

평화를 사랑하는 모든 사람이 트럼프 대통령과 김정은 위원장이 하노이회담을 몰타회담처럼 성공시켜 한반도에 항구적인 평화 체제를 정착시키고 동북아시아의 군사적 불안을 없애주기를 기도했다. 회담 첫날인 2월 27일 저녁 친교 만찬을 할 때만 해도 분위기가 좋았다. 모두들 '평화의 옥동자'가 다음 날 태어날 것으로 기대했다.

그런데 아뿔싸! 2월 28일, 회담장 기류가 급변했다. 트럼프 대통령의 태도가 180도 달라진 것이다. 원래는 회담을 마치고 오찬을 한 다음 합의문 서명식을 가질 예정이었다. 그러나 합의문을 만들지 못했고 공동 서명식도 사라졌다. 오찬도 취소되고, 다음 약속도 하지 못했다. 트럼프 대통령과 김정은 위원장은 기약 없이 헤어졌다. 트럼프 대통령은 기자회견에서

"북한은 전체적으로 제재 완화를 요구했다. 미국은 그런 요구를 들어줄 수 없었다"고 밝혔다. 정상회담 결렬을 공식 확인해 준 것이다. 뜻밖의 결과였다. 미국과 북한의 빅딜(대타협)이 예상되었으나 '깡통 회담'이 되고 만 것이다. 모두가 기대했던 '하노이 선언'은 나오지 않았다. 언론은 이를 '하노이 노 딜 Hanoi No Deal'이라고 표현했다.

하노이 회담 결렬에는 존 볼턴 백악관 국가안보보좌관이 결정적인 영향을 미친 것으로 알려졌다. 볼턴 보좌관은 회담 첫날에는 모습이 보이지 않았으나 둘째 날 갑자기 뛰어들었다. 불길한 조짐이었다. 볼턴 보좌관은 네오콘(신보수주의자 그룹)의 대표 주자로 북한 문제에 관한 한 초강경파였다. 네오콘 뒤에는 '전쟁의 위험'이 있어야 먹고살 수 있는 거대한 방위산업체들이 포진해 있다. 볼턴 보좌관은 하노이 회담에서 네오콘을 대변하는 '조커' 역할을 톡톡히 해냈다. 조지 W. 부시(아들 부시) 대통령 정부 시절 미국의 외교안보 정책을 장악했던 네오콘은 북한을 '불량국가 rogue state' 또는 '악의 축 axis of evil'이라 규탄하며 군사적 선제공격을 통해 정권을 교체해야 한다고 주장하기도 했다. 볼턴 보좌관은 조지 W. 부시 대통령 정부 때 국무부에서 핵 비확산 담당 차관보를 지낸 인물이다.

'하노이 노 딜'은 미국과 북한 사이에 심각한 신뢰의 위기를 가져왔다. 김정은 위원장은 협상 파트너(미국)에 대해서는 극도의 배신감을, 협상 중재자(한국)에 대해서는 극도의 허탈감을 느꼈을 것이다. 본인은 극도의 좌절감에 빠졌을 것이고! 이후 북한의 대외 활동은 급속히 냉각되었다. 설상가상 전 세계를 공포의 도가니로 몰아넣은 코로나19 사태가 북한을 패닉 상태에 빠뜨렸다. 모든 국경을 폐쇄하는 엄중한 봉쇄 조치까지 내려지면서 한반도 평화 프로세스 추진에 급제동이 걸렸다. 프란치스코 교황의 방북 프로젝트도 중단되고 말았다. 북한은 급기야 2020년 6월 한반도 평화 프로세스의 상징인 남북공동연락사무소(개성)를 일방적으로 폭파해버렸다. 교황청 관계자들은 이 폭파 장면을 보고 매우 큰 충격을 받았다고 말하곤 했다. 김정은 위원장은 2023년 12월 말 남북 관계를 '적대적 두 국가'로 규정하기에 이르렀다. 한반도의 외교안보 지형이 완전히 뒤엎어지고 만 것이다.

　운명의 하노이였다. 북한을 개혁과 개방의 길로 이끌어낼 수 있었던 절호의 기회가 날아가 버렸다. 역사에 가정이 없다고 하지만, 만약 하노이회담의 성공으로 '하노이 선언'이 나왔더라면 한반도 평화 프로세스에 가속도가 붙었을 것이고 프란치스코 교황도 북한을 방문하여 북녘땅에 축복의 입맞춤을 해주었을 것이다. 그러나 한반도 평화 프로세스에는 대못이 더 깊이 박혀버렸다. 앞으로 그 못을 빼는 데는 '하노이 노딜' 이전보다 훨씬 더 많은 비용이 들어갈 것이다. 안타깝기 짝이 없다. 로널드 레이건 대통령은 소련을 악마의 제국이라고 비난하면서도 대화를 통해 냉전 종식을 꾀했고, 리처드 닉슨 대통령도 중국을 전범자라 규탄하면서도 전격 방문하여 개혁과 개방으로 유도했다. 트럼프 대통령의 빈약한 역사관과 세계관이 아쉬울 뿐이었다.

김정은, 미국 네오콘의 실체를 잘 몰랐다!

결과론적인 이야기이지만, '하노이 노 딜'은 김정은 위원장의 낙관론이 낳은 실패인지도 모른다. 김 위원장은 자신이 트럼프 대통령에게 줄 만큼 주었으니 트럼프 대통령도 그만큼 주지 않을까 기대했던 것 같다. '낭만 여행'하듯 3박 4일 동안 기차 타고 회담장에 갈 게 아니라 싱가포르 회담 때처럼 중국 비행기를 빌려 타고 갔어야 했다. 미국의 네오콘이 어떤 사람들인데, 70년 가까이 철천지원수로 지낸 나라의 '애송이 지도자'가 로마 시대의 개선장군이나 된 듯 기차 타고 평양에 입성하는 꼴을 가만히 보고 있겠는가. 김정은 위원장은 끝까지 긴장의 끈을 놓지 않고 '밑지는 장사' 코스프레를 했어야 했다.

미국 대통령은 명실상부하게 세계 최고의 영향력을 가진 '세계 대통령'이다. 미국 대통령과 담판하면서 자기주장을 관철하려면 남다른 지혜가 필요하다. 김 위원장은 노무현 대통령과 박정희 대통령으로부터 그 지혜를 배웠어야 했다.

노무현 대통령도 2006년 6월 워싱턴에서 조지 W. 부시 대통령과 정상회담을 할 때 네오콘과 정면으로 부딪쳤다. 네오콘은 당시에도 북핵 문제의 해법으로 군사적 공격을 주장했다. 노 대통령은 당초 정상회담 배석자 명단에 없던 도널드 럼즈펠드 Donald Rumsfeld 국방장관이 돌연 배석한다는 사실을 알았다. 럼즈펠드 장관은 네오콘 중에서도 초강경파였다. 노 대통령은 권진호 국가안보보좌관과 박선원 안보비서관(현 민주당 의원)을 불러 지시했다. "백악관 안보보좌관 스티브 해들리에게 전하세요. 만약 럼즈펠드가 입을 열면 한미정상회담이고 한미동맹이고 없다고 얘기하세요. 지금 우리는 정상회담을 하고 있고, 정상회담에서 정상 이외에는 일절 발언해서는 안 된다고 주지시키세요." 권진호 보좌관은 해들리 보좌관을 만나 이렇게 말했다. "우리 대통령은 이 짧은 정상회담을 위해 미국에 왔다. 부시 대통령하고만 이야기하고 싶어 한다. 다른 사람이 일절 이 대화에 끼어들어서는 안 된다." 결국 럼즈펠드 장관은 정상회담 때 아무 말도 하지 못했고, 노 대통령과 부시 대통령은 공동기자회견에서 "한미 간에 이견이 없었다"고 천명했다.*

박정희 대통령도 주한미군 철수 문제로 카터 대통령과 담판할 때 특유의 결기를 보여줬다. 박진 전 국민의힘 의원이 정리한 정상외교 비화의 한 대목을 소개한다. 1979년 6월 카터 대통령과 청와대에서 한미정상회담을 할 때였다. 카터 대통령은 박 대통령에게 주한미군 철수 계획을 통보할 작정이었다. 당시 정상회담에 배석했던 사이러스 밴스Cyrus Vance 국무장관의 회고록에는 당시의 상황이 이렇게 기록되어 있다. "우리의 경고에도 불구하고 박정희는 정상회담에서 주한미군 철수 정책에 대해서 45분간 성명을 읽어나갔다. 나는 카터 대통령이 분노를 자제하고 있는 것을 느낄 수 있었다. 청와대에서 험악한 정상회담을 마치고 나온 카터 대통령의 리무진과 수행원들은 곧바로 창덕궁 대문 안으로 들어가 차 문을 닫은 채 30분간 긴급 차량 토론을 하였다. 원래 예정되어 있던 창덕궁 산책 일정은 취소되었다." 카터 대통령은 한미정상회담 3주일 후 주한미군 철수 보류계획을 발표했다.**

---

* 박선원, 《하드파워를 키워라》, 열음사, 2012, 180~181쪽.
** 박진, 《청와대비망록》, 중앙M&B, 2002, 96쪽.

김정은 위원장은 2023년 말 북한을 '핵 보유국'이라고 국내외에 선전하며 남북 관계를 '적대적 두 국가'라고 규정했지만, 북핵 문제를 둘러싼 협상은 아직 끝나지 않았다. 미국과 북한은 이제 더 이상 하노이의 전철을 밟지 말아야 한다. 하노이는 한반도 평화 프로세스의 종착역이 아니다. 한반도 평화 열차는 쉬지 않고 계속 달려야 한다!

북한의 가톨릭 현황

평양에 성당이 하나 있다. 제13차 세계청년학생축전 평양대회(1989년)를 앞두고 세워진 장충성당이다. 평소 70~80명의 신자들이 공소예절에 참례한다. 가톨릭 사제(신부)가 없기 때문에 미사는 드릴 수 없다. 대신 신자 대표의 인도로 공소예절을 행한다. 그런데 신자들의 옷차림이 특이하다. 성당 안에서 공소예절을 행하는 신자들의 옷에 김일성·김정일 배지(초상휘장)가 보이지 않는 것이다. 북한 주민들은 일상적으로 이 배지를 왼쪽 가슴에 패용해야 하는데, 이게 웬일일까. 김연수 신부(예수회)는 박사학위 논문에 이렇게 기술했다.

> 김일성·김정일 배지를 달지 않는 모습은 인터넷에 올라와 있는 장충성당의 미사 장면들을 통해서 쉽게 발견된다. 그

리고 장충성당을 방문한 많은 이들의 증언이 있고, 본 연구자가 방북 시 이를 확인했다.*

김 신부를 만나 직접 물어봤다. "신부님, 좀 이상하지 않습니까. 김일성·김정일 배지를 달지 않는 행위는 북한 사회에서 용납될 수 없잖아요." 김 신부도 놀랐다고 했다. "글쎄요, 저도 그렇게 생각합니다. 그래서 확인해봤는데, 가톨릭 성당에서는 물론이고 개신교 교회와 정교회 성당에서도 그렇더라고요. 북한이 종교의 자율성을 인정하고 있다는 사실을 이렇게 홍보하려는 것 아닐까요?"

1945년 남북 분단 전, 북한 지역에는 평양, 함흥, 덕원자치구 등 3개 교구와 50여 개의 성당과 수도원이 있었다. 북한이 1950년 발간한 《조선중앙연감》에 따르면, 해방 당시 신부, 수사, 수녀 등 가톨릭 선교사는 262명, 천주교 교인은 약 5만 7,000명에 달한 것으로 조사되었다. 그러나 북한 공산당은 1948년 9월 9일 정부 수립을 선포한 다음, 대대적인

---

* 김연수, 〈북한 가톨릭교회의 역사적 변천 연구〉, 북한대학원대학교 박사학위 논문, 2018, 137쪽.

종교 탄압 정책을 실시했다. 가톨릭 성당과 수도원을 폐쇄하고 선교사들을 처형하거나 해외로 추방했다.

현재 북한의 가톨릭은 황무지나 다름없다. 북한은 가톨릭 사제가 한 명도 없는 유일한 나라다. 장충성당에 나오는 신자는 성탄절 등 축일 때 200여 명, 평소에는 70~80명에 불과하다. 장충성당에 등록된 신자는 약 800명인 것으로 알려졌다. 북한 전문가들은 분단 전에 세례를 받은 신자들 중 홀로 숨어 신앙생활을 하는 '침묵의 신자'가 북한 전역에 2,000~3,000명에 달할 것으로 추정하고 있지만, 짐작일 뿐이다. 교황청의 중국 출신 사제는 "한 번 신앙을 가지면 결코 버릴 수 없다. 중국의 사례를 봤을 때 북한에도 분명히 '침묵의 신자'가 있을 것이다. 중국의 가톨릭 신자들 중 적지 않은 사람들이 문화혁명 때 공산당의 탄압을 피하기 위해 낮에는 모택동 사진을 걸어놓고 있다가 한밤중 또는 새벽 두세 시에 예수님 사진을 꺼내 놓고 기도했다"라고 말했다.

평양교구를 끝까지 지키려다 순교한 홍용호 주교 사례가 북한의 가톨릭 실상을 잘 말해주고 있다. 홍 주교는 가톨릭 성직자 체포에 항의하고 평양교구를 되찾기 위해 김일성과의 면담을 요청했지만 면담 예정일이었던 1949년

5월 14일 납치되고 말았다. 특별 정치범 감옥에 수감된 이후 생사를 확인할 수 없다. 교황청은 홍 주교가 살아 있다면 117세가 되었을 2013년 사망 처리했다. 한국천주교주교회의는 홍용호 프란치스코 주교의 시복시성을 추진하고 있다.

북한이 김정은 체제 이후 가톨릭에 우호적인 움직임을 보이고 있는 것은 확실해 보인다. 성당에서 김일성 김정일 배지 패용을 의무화하지 않은 것은 성당을 성역으로 인정하고 있다는 의미다. 또 제의실에는 프란치스코 교황 사진을 걸어놓고 있다. 북한 천주교는 교리서인 《천주교를 알자》를 통해 "예수님을 대리하시는 분은 교황 성하이시다. 교황 성하는 베드로를 계승하시고 베드로와 같이 그리스도의 대리자로서 온 천주교회를 다스리신다"라고 신자들을 가르치고 있다.* 김연수 신부는 교황 호칭과 관련해 "교황의 교도권을 인정하는 차원에서 '교황 성하'라는 극존칭을 사용하고 있다. 북한에서 김일성 외에 이러한 극존칭을 사용하는 것은 이례적이다"라고 말했다.

---

* 차성근·엄진섭·김은주, 《천주교를 알자》, 조선천주교인협회중앙위원회, 1991, 126쪽.

Sono Disponibile

PART 5

평화의 사도, 교황!

두 명의 프라티칸테 지도자

'하노이 노 딜'은 프란치스코 교황의 방북 프로젝트를 멈춰 서게 했다. 김정은 국무위원장의 초청장은 기약이 없었다. 기다리는 수밖에! 요한 23세 교황의 어록이 생각났다. "전지전능한 하느님도 세상을 창조하는 데 7일이나 걸렸다!" 갈라거 외교장관은 "우리는 인내심이 강하다. 기다리는 데 익숙하다"라고 말했다.

프란치스코 교황의 한반도 사랑은 여전했다. 문재인 대통령도 마찬가지였다. '하노이 노 딜'로 한반도 평화 프로세스에 급제동이 걸렸지만 한반도 평화를 위한 행군을 결코 포기하지 않았다. 한반도 평화 프로세스를 다시 추진할 기회를 엿보고 있었다.

김정은 위원장은 하노이의 충격 때문인지 역주행을 했다. 문을 더 굳게 닫아걸고 칼을 갈고 있다. '고슴도치 전략'을 더 강화한 것이다. 인민은 배곯아 죽어가고 있는데도 말이다.

세컨더리 보이콧이 뭐길래

교황청은 교황 방북 추진과 별도로 북한에 대한 인도주의적 지원 방안을 궁리했다. 그러나 뾰족한 수가 보이지 않았다. 북한에 물품을 직접 지원하는 단체는 물론이고 그 단체를 지원하는 은행·기업 등에 대해서도 제재를 가하는 미국과 유엔의 세컨더리 보이콧secondary boycott 때문이다. 인도주의적 지원이 제도적으로는 가능했지만 실제로는 불가능했다. 교황청 관계자는 "자선단체에서 북한의 보육원에 옷을 보내려고 해도 옷을 싣고 갈 선박을 구할 수 없다. 선박 회사가 제재를 받기 때문이다"라고 말했다.

타미플루 사건이 세컨더리 보이콧의 대표적인 사례였다. 2019년 1월 북한에 독감이 유행하자 우리 정부는 NGO를 통해 독감약 타미플루를 보내려고 했으나, 유엔사령부가 약을 싣고 갈 트럭을 문제 삼았다. 결국 타미플루를 북한에 보내지 못했다. 문재인 대통령도 퇴임 후 회고록에서 당시를 이렇게 술회했다.

심지어 남북정상회담을 위해서 대통령 전용기를 타고 북한에 가는 것만 해도, 전용기가 대한항공에서 임차한 비행기이기 때문에 유엔 안보리 제재에 대한 예외 승인을 얻어야 합니다. 그러지 않고 평양에 갔다 올 경우 대한항공 비행기가 미국에 가지 못하는 제재가 따르는 거죠.*

또 한 명의 프라티칸테, 바이든 등장

그 후 미국의 정치 상황이 달라졌다. 2020년 11월 미국 대통령 선거에서 공화당의 트럼프 대통령이 떨어지고, 민주당의 조 바이든 후보가 당선된 것이다. 희망이 보였다. 교황청에서는 바이든이 독실한 가톨릭 신자라는 사실에 주목했다. 문재인 대통령도 독실한 가톨릭 신자이지만 바이든 대통령도 프란치스코 교황과 친분이 두터운 사이였다.

2021년 2월 4일 문재인 대통령은 바이든 대통령에게 취임 축하 전화를 했다. 이때의 대화가 화제가 되었다. 한국에서는 대통령이 자신의 종교적 정체성을 함부로 말했다가는 자칫 큰 오해를 살 수 있다. 문 대통령은 재임 기간 내내 가톨릭 신자임을 적극적으로 드러내지 않았다. 이날 통화에서도 종교 이야

---

* 문재인, 《변방에서 중심으로》, 김영사, 2024, 52쪽.

기를 먼저 꺼낸 사람은 바이든 대통령이었고 문 대통령은 자연스럽게 응답하는 형식으로 대화가 이루어졌다.

바이든 대통령 문 대통령이 가톨릭 신자라고 하시니… (나의) 당선 직후 교황께서 축하 전화를 주신 기억이 난다. 당시 기후변화, 민주주의 등 다양한 이야기를 했는데 오늘 문 대통령과 같은 주제에 대해 이야기해보니 우리 두 사람이 견해가 비슷한 것 같다.

문재인 대통령 저도 교황과 대화한 일이 있다. 교황께선 동북아 평화 안정, 기후변화 등을 걱정하셨다. 자신이 직접 역할을 하실 수도 있다는 말씀도 하셨다. 교황과 협력할 필요가 있다.

곧 한미 정상 통화에 대한 언론의 해설이 쏟아졌다. 한겨레 이완 기자의 해설기사가 핵심을 찔렀다.

'가톨릭'으로 열어 '프란치스코'로 통한 대화였다. 4일 한-미 정상 간 통화를 부드럽게 만든 것은 '가톨릭'이라는 공통점이었다. 청와대는 4일 문재인 대통령과 조 바이든 미국 대통령의 정상 통화가 이른바 '코드가 잘 맞는 대화'를 했다고 자평

했다. 두 정상이 모두 가톨릭 신자여서 프란치스코 교황과의 대화를 화제에 올리는 등 화기애애한 분위기를 만들었다는 것이다.*

바이든은 전형적인 '리버럴 가톨릭 Liberal Catholic'으로 진보적 가톨릭 신앙을 갖고 있다. 가톨릭 사회교리의 실천을 소명으로 삼아 정치를 하는 사람이었다. 사회교리의 궁극적 지향은 인간의 존엄성을 지키는 데 있다. 민주주의(정치 참여), 인권(불평등 해소), 생태 환경(기후변화), 평화운동(전쟁 반대) 등의 사회적 현안에 적극 참여하는 것이 사회교리 실천의 기본이다. 프란치스코 교황이 2014년 반포한 '복음의 기쁨'은 사회교리 실천의 교과서와 같다. 문재인 대통령도 바이든 대통령 못지않은 리버럴 가톨릭이다. 두 분의 코드가 맞을 수밖에!

주교황청 대사로서 로마에 부임하여 신임장 제정식을 하기 전 교황청 외교부를 방문, '신고식'을 먼저 했다. 2018년 1월 22일 월요일, 외교부 동북아국장 루키니 몬시뇰을 만났다. 반갑게 맞아주었다. 첫 만남이었지만 많은 이야기를 했다. 차담

---

* 《한겨레》, 2021년 2월 4일, 「문 대통령-바이든 통화에 등장한 프란치스코 교황… 왜?」, 이완.

이 끝날 즈음 그는 특별한 덕담을 건넸다. "교황님을 비롯해 대부분의 바티칸 사제들이 문재인 대통령을 무척 좋아하고 신뢰한다. 내가 알기로는, 문 대통령은 주요 국가 지도자 가운데 유일한 프라티칸테^{praticante}다. 교황청과 한국의 업무 협조가 잘될 것 같다. 우리 두 사람도 일을 재미있게 할 수 있을 것 같고…." 프라티칸테? 사실은 처음 들어본 말이었다. 정확한 뜻은 모른 채 좋은 의미의 말이려니 짐작하고 대화를 이어나갔다.

프라티칸테의 의미가 궁금했다. 사무실에 돌아오자마자 이탈리아 비서에게 물어봤다. 프라티칸테는 굳이 우리말로 번역하면 '독실한 가톨릭 신자'를 의미하지만 깊은 뜻을 담아내기엔 부족한 번역이다. 성당 미사에 열심히 참례하는 수준을 넘어 가톨릭의 사회교리를 지침으로 삼아 생활하는 신자를 프라티칸테라고 부른다는 것이었다. 루키니 몬시뇰을 다시 만났을 때 프라티칸테에 대해 물었다. "문 대통령이 주요 국가 지도자 가운데 유일한 프라티칸테라고? 유럽이나 남미에 가톨릭 신자인 대통령이나 총리가 많을 텐데 그게 말이 되나?" 루키니 몬시뇰은 자기 말이 맞다고 했다. 유럽이나 남미에 가톨릭 신자 대통령이나 총리는 많지만 프라티칸테는 없다고 했다.

로마 G20, 교황 방북 의지 재확인만

또 한 명의 국가 정상 프라티칸테가 2021년 1월 세계 무대에 화려하게 등장했다. 바로 바이든 미국 대통령이었다. 이로써 프라티칸테 지도자가 두 명으로 늘어났다. 프라티칸테 지도자인 문재인과 바이든, 그리고 진보적 성향의 프란치스코 교황! 환상의 삼각 콤비가 바티칸에서 만난다면 뭔가 기적 같은 일들이 펼쳐질 것 같았다.

기회가 왔다. G20 정상회의가 2021년 10월 30~31일 이틀 동안 로마에서 열릴 예정이었다. 예상대로 문 대통령과 바이든 대통령은 G20 정상회의 참석차 로마를 방문하여 프란치스코 교황과 단독면담을 가졌다. 10월 29일 오전 문 대통령에 이어 바이든 대통령이 교황과 독대했다. 문 대통령은 3년 만에 교황을 다시 만나 방북 의사를 재확인했다. 문 대통령이 교황에게 "기회가 되어 북한을 방문해주신다면 한반도 평화의 모멘텀이 될 것"이라고 말했다. 프란치스코 교황은 당연하다는 표정으로 "(북한이) 초청장을 보내주면 기꺼이 가겠다. 남한과 북한은 같은 언어를 쓰는 형제이지 않느냐"라고 화답했다. 파롤린 국무원장 추기경도 문 대통령에게 "교황청은 생활이 어려운 북한 주민에 대해 언제든지 인도적 지원을 할 준비가 되어 있다"라고 말했다.

다음 날 G20 정상회의가 열렸다. 문 대통령은 짬을 내어 바이든 대통령을 만났다. 문 대통령이 "어제 교황님을 뵌 것으로 들었다. 나도 어제 뵈었는데 한반도 평화를 위해 축원해주시고, 초청을 받으면 북한을 방문하겠다고 하셨다"라고 말하자, 바이든 대통령이 "반가운 소식이다. (한반도 문제 해결에) 진전을 이루고 계시다"라고 화답했다. 그러나 안타깝게도 김정은 위원장은 아직 초청장을 보내지 않고 있다. 프란치스코 교황은 '그날'을 기다리고 있다.

교황 방북의 정치학

 김정은 국무위원장의 속셈은 무엇일까. 종교를 믿는 사람을 엄중하게 처벌하는 나라의 국가원수가 세계 최고의 종교 지도자를 초청하려는 이유는 무엇일까. 할아버지(김일성)와 아버지(김정일)도 하지 못했던 교황 초청을 굳이 하려는 이유는 무엇일까. 그리고 프란치스코 교황의 의도는 무엇일까.

 '하노이 노 딜' 이후의 국제정세를 감안할 때 김정은 위원장은 교황 방북 초청장을 당장 보내줄 것 같지 않다. 김정은 위원장에게는 절박함도 보이지 않는다. 그럼에도 프란치스코 교황은 오늘 내일이라도 초청장이 오기를 기다리고 있고, 초청장이 오면 순방 절차(의전)를 간소화하여 하루라도 빨리 북한에 가고 싶어 한다. 그 의도는 무엇일까.

교황 방북의 정치적 셈법은 복잡하지 않다. 김정은 위원장은 교황 방북을 외교 고립 탈피의 계기로 삼으려 하고 있고, 프란치스코 교황은 하루라도 빨리 북한을 개혁과 개방의 길로 유도하여 굶주림에 시달리고 있는 북한 주민을 구출하려고 하고 있다.

북한은 외교 고립 탈피가 급선무다. 국제사회에서 정상 국가로 인정받을 수 있는 가장 효과적인 정책 가운데 하나가 종교 개방, 즉 종교의 자유를 제한적으로나마 허용하는 것이다. 종교의 자유는 양심의 자유의 기본이다. 양심의 자유가 없는 나라를 어찌 정상 국가라 할 수 있겠는가. '종교는 아편'이라는 마르크스의 이념을 신봉했던 공산주의 국가들이 개혁과 개방을 추진하면서 가장 먼저 허용한 것이 종교의 자유다. 이런 역설이 또 어디에 있을까 싶다.

현재 공산주의(사회주의) 국가를 공식적으로 표방하고 있는 나라는 중국, 베트남, 쿠바, 라오스, 북한 등 5개국에 불과하다. 이 가운데 중국, 베트남, 라오스, 쿠바 등 4개 국가는 종교의 자유를 제한적으로 허용하고 있지만, 북한은 아직도 종교의 자유를 전혀 허용하지 않고 있다. 흥미 있는 사실은 종교의 자유가 있는 4개 공산국가가 공통적으로 가톨릭을 허용하고 있다는 사실이다.

왜 가톨릭일까. 많은 전문가들은 이런 해석을 하고 있다. "불교, 가톨릭, 정교회, 개신교, 이슬람교 등 보편 종교 가운데 전 세계에 가장 널리 보급되어 있는 종교가 가톨릭이다. 가톨릭을 허용할 경우 홍보 효과가 가장 좋다. 또 가톨릭은 교황청을 정점으로 한 네트워크 시스템이어서 조직 관리가 용이하다." 그러나 북한은 이런 가톨릭마저 허용하지 않고 있다. 전 세계에서 가톨릭 사제가 없는 유일한 나라가 북한이다. 북한이 외교 고립에서 탈피하려면 가톨릭부터 허용해야 한다. 이것은 기본이다. 그러지 않고서는 "북한이 정상 국가로 가고 있다"라고 말할 만한 이야깃거리가 별로 없다.

정통 공산주의 국가로 자처하는 국가 중에서 종교 문제를 가장 먼저 털어버린 나라가 쿠바다. 쿠바의 국부로 추앙받았던 피델 카스트로 의장이 가톨릭 미션스쿨을 졸업한 데다 쿠바에 가톨릭 전통이 강하게 남아 있었기에 가능했을 것이다. 카스트로 의장은 1985년 브라질 도미니코회 프레이 베토 Frei Betto 신부와 특별 인터뷰를 통해 자신의 종교관을 밝혔다.* 베토 신부가 "종교가 아편이라고 생각하느냐?"라고 묻자, 카스

---

* 피델 카스트로 루즈·프레이 베토, 《카스트로, 종교를 말하다》, 조세종 옮김, 살림터, 2016, 13쪽, 45쪽.

트로 의장은 "특정한 역사적 조건에서는 (종교가 아편이라는 말은) 맞다. 하지만 종교는 그 자체로 아편이나 기적의 치료제가 아니다"라고 대답했다. 카스트로 의장은 또 "그리스도교와 자본주의 사이보다 공산주의 사이가 1만 배나 더 일치한다"라고 언급하면서 "종교적 목적과 사회주의의 목적 사이에는 모순이 없다. 어떤 모순도 없다"라고 말하기도 했다. 북한은 종교 정책에 관한 한 쿠바에서 배우고 중국과 베트남을 벤치마킹해야 한다.

김일성, 한때 교황 방북 초청 추진

북한은 세계 조류에 크게 뒤떨어져 있다. 진즉 교황을 초청하여 고립의 벽을 깨는 노력을 해야 했는데 아직도 못 하고 있다. 김일성 주석은 베를린 장벽 붕괴와 한국의 북방정책 성공으로 외교 고립 상태로 몰리자, 요한 바오로 2세 교황의 방북을 추진했다. 주영국 북한대사관 공사 출신으로 국회의원(국민의힘)까지 한 태영호 사무처장(민주평화통일자문회의)은 자서전을 통해 그 사실을 털어놨다. "김일성은 교황이 다른 나라를 방문할 때마다 열광적인 환영을 받는 뉴스를 보면서 교황 요한 바오로 2세를 북한에 오게 한다면 외교적 고립에서 벗어날 수 있다고 기대했다. 김일성은 김영남에게 관련 조치를 지시했고, 1991년 외무성 내에 교황을 평양에 초청하기 위한 상무조가 편성됐다. 이때 나는 상무조의 일원으로 활동했다."*
그러나 북한 노동당은 교황이 실제로 북한에 오면 가톨릭 열풍이 불지 않을까 두려워한 나머지, 교황 초청을 위한 상무조 常務組(우리의 태스크포스TF 격)를 출범 두 달 만에 슬그머니 해산해버렸다.

김정은 위원장은 김일성 주석이나 김정일 국방위원장과는 다르다. 중학교 시절 사춘기를 스위스에서 보냈다. 호기심이 넘쳐나는 청소년이 스위스라는 좁은 공간에 갇혀 있었겠는가. 제3자 명의의 여권으로 유럽 주요 지역을 돌아다녔다. 교황청의 한 관계자는 "공식 기록은 없지만, 보호자와 동생(김여정)과 함께 셋이서 로마에 왔었고 북한과 수교 관계에 있었던 몰타에도 간 것으로 알고 있다"라고 말했다. 김정은 위원장은 김일성이나 김정일과 달리, 유럽 문화에 대한 이해도가 높고 가톨릭에 대해서도 잘 알고 있을 거라는 의미다.

김정은은 문 대통령과 정상회담을 할 때 유럽식 인사를 해 눈길을 끌었다. 두 팔로 문 대통령을 포옹한 상태에서 머리를 왼쪽-오른쪽-왼쪽 세 번 방향을 바꿔가며 볼키스를 한 것

---

* 태영호, 《3층 서기실의 암호》, 기파랑, 2018, 18쪽.

이다. 나도 주교황청 대사 시절 외교 행사가 있을 때마다 참석자들과 이런 식으로 인사를 했다. 처음에는 좀 어색했지만 익숙해지면서 친근감이 들었다. 김 위원장은 합의문 서명식에서도 '7'이라는 숫자를 쓸 때 '1'과 혼동되지 않도록 가운데에 선을 그었다. 이 역시 서양식 표기 방법이다. 모두 유럽 유학 시절 몸에 밴 습관일 것이다.

교황 방북, 북한의 개혁과 개방 유도

교황의 방북 프로젝트를 단순한 종교 이벤트로 보는 것은 근시안적 시각이다. 만약 교황 방북이 성사된다면 그것은 한반도의 외교 지형을 송두리째 바꿔버릴 수 있는 역사적 사건이 될 수 있다. 또 국제사회에 '약동하는 한반도'의 이미지를 강렬하게 심어줄 수 있다.

교황 방북은 그 자체로 기적이다. 김대중 대통령은 2000년 3월 바티칸을 찾아 요한 바오로 2세 교황을 면담했다.* 교황은 김 대통령이 전두환 신군부로부터 사형선고를 받았을 때 구명운동을 해준 고마운 분이다. 김 대통령은 그 자리에서 "교황께서 북한을 방문하신다면 이는 한반도와 동북아

---

* 김대중, 《김대중 자서전 2》, 삼인, 2011, 237쪽.

평화에 큰 기여를 하게 될 것"이라면서 방북을 정중히 권유했다. 교황은 그에 대해 "현재로서는 북한을 방문할 계획이 없지만, 북한을 방문할 수 있다면 이는 기적이라고 생각한다"라고 말했다. 당시 북한의 김정일 국방위원장은 교황을 초청할 생각조차 하지 않았다.

교황 방북은 북한에게 양날의 칼이다. 가장 큰 기대 효과는 종교의 자유가 있는 정상 국가의 이미지를 과시할 수 있다는 점이다. 또 국제 외교무대 본격 데뷔를 통한 외교 고립 탈피, 그리스도교를 중심으로 한 서양 문명권과의 본격적 대화, 북미 관계 개선의 견인 등을 생각할 수 있다. 부정적 측면으로는 북한에 자유의 바람을 일으켜 체제 위협을 할 수 있다는 점이다. 교황이 북한에 가면 혼자 가는 게 아니다. 교황청 참모들은 물론이고 바티칸 출입기자단이 교황을 수행한다. 전 세계의 눈과 귀가 평양에 쏠릴 것이다. CNN, BBC, AP통신 등 전 세계 주요 언론들이 교황 전용기의 평양 도착을 생중계하는 등 일거수일투족을 연일 비중 있게 다루지 않겠는가. 북한 주민들도 이 뉴스를 보고 들을 것이다. 북한의 스마트폰 보급은 500만 대가 넘는 것으로 알려져 있다.

교황청, 중장기적 시각에 초점

교황청으로서도 손익이 분명하다. 교황청이 가장 신경 썼던 내용은 북한이 교황 방북을 정치적으로 이용할 것이라는 점이다. 북한 매체는 김정은 위원장과 교황이 '대등한 지도자'로서 활동하는 듯한 모습을 과도하게 노출하여 김 위원장이 교황과 같은 위상의 세계적인 지도자라고 선전할 가능성이 크다. 가톨릭 보수주의자들은 이런 점을 들어 교황이 독재자에게 면죄부를 주러 갔다고 비난할 것이다. 그러나 교황청은 길게 보아 장점이 단점보다 훨씬 많다는 입장이다. 우선 북한에 선교의 교두보를 확보하고 종교 활동에 대한 규제를 풀게 하여 사목적 목적을 달성할 수 있다. 정치·외교적으로는 교황이 북미 관계 개선을 중재할 수도 있다. 또 교황 방북을 계기로 자연스럽게 북한이 개혁과 개방의 길로 나아갈 것으로 보고 있다. 북한 체제에 개방의 물꼬가 터지리라는 것은 확실하다.

폰티펙스의 중재 외교

프란치스코 교황과 작별 인사를 하는 날이었다. 2020년 10월, 코로나19는 여전히 기승을 부리고 있었고, 뭔가 허전함이 밀려오면서 마음 한편이 텅 비어 있는 것 같았다. 이 말씀을 안 드릴 수 없었다. "교황님, 2018년에 말씀하신 '소노 디스포니빌레'는 여전히 유효하지요?" 교황은 단호하게 말했다. "물론입니다. 남한과 북한 모두 가고 싶습니다. 남북한 지도자의 손을 잡고 판문점을 걸어보는 것이 나의 꿈입니다." 그 말씀이 어찌나 고맙던지, 눈물이 날 것 같았다. 문득 시편 한 구절이 떠올랐다. "인간이 무엇이기에 이토록 기억해주십니까? 사람이 무엇이기에 이토록 돌보아주십니까?"(시편 8,5) 프란치스코 교황님, 한국이 무엇이기에 이토록 사랑하십니까! 마지막 작별 인사를 하고, 한국식으로 큰절을 드렸다.

교황은 '다리를 놓는 사람'

교황의 라틴어 이름 '폰티펙스Pontifex'의 뜻은 '다리를 놓는 사람'이다. 중세시대 교황은 유럽에서 갈등 관계에 있는 나라를 중재하여 '평화의 다리'를 놓아주는 역할을 했다. 말 그대로 '평화의 사도'였다. 당시 유럽에서는 대부분의 나라가 그리스도교(가톨릭)를 믿는 형제들이었지만 서로 죽기 살기로 싸우기 일쑤였으니, 교황이 중재를 설 수밖에 없었다. 현대 외교 제도가 교황청과 깊은 관련이 있는 것도 이 같은 배경에서다. 교황이 자신을 대신하여 중재 협상을 할 사절단을 세속 군주에게 보내곤 했는데 그 사절단을 특사apocrisiarius라 불렀다. 또 그 특사를 상대 지역에 상주시켜놓을 때는 대사nuntius라 불렀다. 나중에는 세속 군주도 교황청에 특사나 대사를 파견하는 관행이 생겼다. 교황청과 세속 군주가 특사나 대사를 상호 교환한 것이다. 로마에는 지금도 그 자취(대사 공관)가 남아 있다. 중세시대 때 교황청은 지금의 유엔 역할을 했다. 교황청의 중재 외교는 그만큼 오랜 역사를 갖고 있다. 당연히 중재 외교의 노하우가 풍부하다.

현대 외교에서 교황청과 일반 국가는 차원이 다른 전략을 구사한다. 교황청은 보편적 휴머니즘 차원의 가치를 추구하는 반면 일반 국가는 국익 증진을 제1의 목표로 삼는다.

교황청은 일반 국가와 달리 군사력, 경제력 등 물리적 힘이 없다. 탱크 한 대 없고, 공장 하나 없다. 교황청이 가진 무기라고는 묵주밖에 없다. 힘이 정의인 국제질서 속에서 교황청은 힘없는 외교를 하고 있는 것이다. 교황청은 물리적 힘이 없기에 도덕적 힘을 발휘할 수 있다. 교황청이 어느 한쪽을 편들지도 않고, 자기 이익을 챙기지도 않기 때문에 당사국들이 신뢰한다. 교황청 특유의 중재 외교가 가능한 배경이다. 교황청의 가치 외교와 일반 국가의 국익 외교가 접점을 찾으면 교황청의 중재 외교가 성공하지만 접점을 찾지 못하면 실패한다.

요한 23세, 쿠바 미사일 사태 중재

20세기 가장 성공한 교황청 중재 외교는 1962년 쿠바 미사일 사태 해결이라 할 수 있다. 당시 초강대국이었던 미국과 소련이 미국의 앞마당인 쿠바 해상에서 군사적으로 충돌했다. 소련이 쿠바에 핵미사일 기지를 건설하자, 미국은 쿠바 해상봉쇄령을 내려버린 것이다. 그야말로 일촉즉발의 위기였다. 초강대국 사이에 핵전쟁이 일어나면, 그것은 제3차 세계대전으로 확전될 가능성을 의미했다. 공멸의 위기감이 감돌았다.

미국의 존 F. 케네디 대통령과 소련의 니키타 흐루쇼프 공산당 서기장, 누구도 양보하려 하지 않았다. 출구가 없어 보였다. 양측이 믿을 수 있는 중립적인 위치의 중재자가 필요했다. 이 일에 교황보다 더 적합한 사람이 있을까? 교황청이 긴급 비밀 중재에 나섰다. 미소 양측에 교황 친필 편지도 보내고 특사도 파견했다.

1962년 10월 25일 정오, 요한 23세 교황이 라디오 방송국에서 특별 담화문을 발표했다. 교황은 외교관 출신다운 면모를 잘 보여주었다. 마이크 오른쪽에 커다란 지구본을 세워놓고, 국제적 외교 언어인 프랑스어로 연설했다. '지금 세대에는 전쟁이 아닌 평화가 필요하다'는 내용의 담화문은 길지 않았다.

> "그들은 세계 모든 곳에서 하늘 높이 울려 퍼지는 우려의 목소리를 들었을 것입니다. '평화, 평화!'라고. 우리는 위정자들이 인류의 외침에 귀 막지 않기를 애원합니다. … 전쟁의 끔찍한 결과는 누구도 예측할 수 없습니다."

요한 23세 교황은 미국과 소련 양측에 '동시 철수'라는 중재안을 제시해놓은 상태에서 담화문을 담담하게 읽어 내려

갔다. 세계의 주요 언론매체들이 앞다투어 보도했다. 그리고 곧이어 기적 같은 일이 일어났다. 케네디 대통령과 흐루쇼프 서기장이 교황의 중재안을 수용한 것이다. 요한 23세 교황의 중재 외교가 성공했다.

이라크 전쟁(2003~2011년)의 전운이 감돌 때에도 교황의 중재 외교가 시도되었다. 당시 요한 바오로 2세 교황은 전쟁을 저지하기 위해 백방으로 노력했다. 교황이 파견한 특사인 피오 라기Pio Laghi 추기경이 2003년 3월 5일 백악관을 방문하여 조지 W. 부시 대통령에게 마지막 호소를 했지만 소용이 없었다. 부시 대통령은 3월 20일 전쟁 개시 명령을 내렸다. 그러나 교황의 위상은 더 높아졌다. "전쟁이 거의 피할 수 없는 것처럼 보였을 때 바티칸은 예기치 않게 국제 외교의 중심에 서 있었다. 공격을 찬성하는 쪽과 반대하는 쪽이 모두 교황에게 와서 자신의 입장을 설명하며 의견을 듣고자 했다."* 요한 바오로 2세 교황은 미국을 향해 준엄하게 경고했다. "하느님의 정의를 무서워할 줄 알라. 하느님의 손길이 당장 나타나지 않는다고 해서 그 정의가 없는 것은 아니다." 이라크 전쟁은 9년

---

* 루트비히 링 아이펠, 《세계의 절대권력 바티칸 제국》, 김수은 옮김, 열대림, 2005, 18~19쪽.

가까이 지루하게 진행되었다. 미국으로서는 '실패한 전쟁'이 었다.

프란치스코, 미국과 쿠바 국교 정상화 중재

프란치스코 교황도 세계 외교사에 길이 남을 중재 외교를 했다. 50여 년간 철천지원수로 지내고 있던 미국과 쿠바의 국교 정상화에 결정적인 기여를 한 것이다. 2014년 12월 17일, 미국의 오바마 대통령은 백악관에서 기자회견을 갖고 "쿠바와의 국교 정상화를 위한 공식 협상에 돌입하겠다"라고 공개적으로 밝혔다. 오바마 대통령은 이 자리에서 "프란치스코 교황에게 감사하다는 말씀을 드린다"면서 교황의 중재를 이례적으로 공개했다. 쿠바의 라울 카스트로 의장도 같은 시각 같은 내용을 발표했다. "어느 정치 지도자도 하지 못했는데, 교황이 어떻게 이런 일을 하셨지?" 외교 전문가들이 혀를 내둘렀다. 영국의 유력 일간지 《가디언》은 "교황청의 지난 30년간 외교 역사에서 가장 큰 성과"라고 평했다. 미국과 쿠바는 2015년 7월 1일 국교 정상화를 선언했다. 1961년 단절되었던 외교 관계가 54년 만에 회복된 것이다.

북한은 현재 국제사회에서 고립되어 있다. 국제정치적

으로나, 경제적으로나, 문화적으로나, 국제사회와 완전 차단된 '고립무원의 외딴섬'이다. 국제사회에서 '비정상적인 국가'로 통한다. 변질된 아우타르키^{autarkie}(자립갱생)다. 생물학적 DNA(백두혈통)에 기초한 권력 세습, 공산주의 종주국(옛 소련)보다도 더한 공산주의 체제, 국교(국가 종교)가 되어버린 주체사상, 성경만 소지해도 엄벌에 처하는 종교 탄압, 외국과의 무역 거래가 없는 전근대적 자립경제, 국제사회가 한사코 반대하는 핵무기 개발, 야간 인공위성 사진에서 불빛이 보이지 않는 어둠의 공화국 등등 글로벌 시각에서 보면 도저히 '정상적인 국가'라고 할 수 없다.

프란치스코 교황은 그곳에 가려고 한다. 누구도 찾지 않는 외딴섬에 다리를 놓아주는 심정으로, 밀폐된 공간에 환풍기 하나 달아주는 심정으로, 꽁꽁 얼어 있는 온돌방에 장작불 한번 피워주는 심정으로, 굶주림에 시달려 사는 인민들에게 따뜻한 밥 한 공기 내어주는 심정으로, 풀 한 포기 없는 사막에 나무 한 그루 심는 심정으로!

서울-워싱턴-평양에 '평화의 다리'를 놓자!

평화 프로세스냐, 전쟁 프로세스냐. 답은 정해져 있다. 평화밖에 길이 없다. '하노이 노 딜'로 잠시 멈춰버린 한반도 평화 프로세스. 언젠가는 누군가 이어달리기를 할 것이다. 방법론은 다르겠지만 지향점은 같을 수밖에 없다. 프란치스코 교황은 한반도 평화 프로세스가 중단 없이 추진되어야 한다고 여러 차례 밝혔다. 교황은 한반도에 어떤 그림을 그리고 싶은 것일까. 구체적으로 밝힌 적이 없지만 충분히 짐작할 수 있다. 교황은 2018년 남북정상회담과 북미정상회담이 열릴 때 회담 성공을 기원하는 기도를 해주면서 남북 대화와 북미 대화를 강력히 지지했다. 2019년 '하노이 노 딜' 때에는 땅이 꺼질 듯 한숨을 쉬면서 아쉬워했다.

프란치스코 교황은 서울과 평양, 워싱턴과 평양을 연결하는 '평화의 다리'를 놓고 싶어 한다. 평양 하늘에는 태극기와 성조기가, 서울과 워싱턴 하늘에는 인공기가 휘날리는 모습을 보고 싶어 한다.

한국 현대사 속의 교황

한국은 현대사에서 교황청에 신세를 좀 졌다. 신생 대한민국을 가장 먼저 승인해준 나라는 교황청이다. 외교관 출신으로 국제정세에 밝았던 비오 12세 교황은 미국 메리놀외방전교회의 패트릭 번^{Patrick J. Byrne} 신부를 1947년 8월 한국에 교황 사절로 파견하는 명령을 내렸고, 번 신부는 10월 부임했다. 교황청의 교황 사절 파견은 국제 관례상 대한민국을 주권국가로 승인한 것을 의미한다.

대한민국 정부는 1948년 8월 15일 수립되었다. 북한도 그해 9월 9일 정부 수립을 선포했다. 전후 냉전 체제에서 치열한 남북 대결이 본격적으로 벌어지기 시작했다. 국제사회에서 정통성 있는 정부로 인정받으려면 반드시 유엔의 승인을 얻어야 한다. 이승만 대통령은 1948년 9월 3차 유엔총회가 열릴 예정이었던 프랑스 파리에 장면 박사를 수석대표로 한 한국대표단을 파견했다. 영어를 유창하게 구사했던 장 박사는 요한이라는 세례명을 가진 독실한 가톨릭 신자로 교황 사절인 번 신부와 개인적으로 두터운 친분 관계를 유지하고 있었고, 교황청과 미국의 가톨릭 네트워크와도 연결되어 있었다. 이 대통령은 장 박사에게 "유엔총회에서 대한민국의 승인을 꼭 받아오라"고 특명을 내렸다. 대한민국의 운명이 걸린 미션이었다.

교황청, 유엔의 한국 정부 승인에 결정적 기여

임무 수행은 험난하기 짝이 없었다. 그야말로 맨땅에 헤딩이었다. 한국대표단을 알아주는 사람은 거의 없었고, 총회 의장을 만나 사정을 해보려 했지만 만남 자체가 불가능한 상황이었다. 미국이 앞장서서 도와주었지만 한계가 있었다. 당시 유엔총회에서는 이스라엘 문제가 핫이슈로 부각되어 한국 문제는 안중에도 없었다. 공산 진영의 맹주인 소련의 방해 공작도 심각했다. 더구나 호주 노동당 출신으로 외무장관을 지낸 허버트 에바트 Herbert V. Evatt 의장은 한국에 비우호적이었다.

이런 상황을 지켜보고 있던 교황청이 발 벗고 나섰다. 신생 대한민국을 가장 먼저 승인했던 비오 12세 교황이 국무부 몬티니Montini 장관 대주교와 주프랑스 교황대사 론칼리 Roncalli 대주교에게 한국대표단을 조용히 총력 지원하라고 지시한 것이다. 가톨릭 네트워크가 본격 가동되기 시작했다. 파리 현장에서는 론칼리 대주교가 지휘했다. 번 신부는 장 박사 출국에 앞서 이미 10통의 서한을 써주며 지인을 소개했다. 다행히 장 박사에게 행운이 따르기도 했다. 파리 근교로 성지순례를 갔다가 우연히 만난 호주 시드니 대교구의 오브라이언 O'brien 부주교에게 고민을 털어놓고 자문을 구했는데, 알고 보니 에바트 의장과 아주 가까운 사이였다. 오브라이언 부주교가 에바트 의장에게 장 박사에 대한 관심을 부탁했다.

그러나 앞으로의 시간이 어떻게 흘러갈지 알 수 없었다. 총회 폐막일이 가까워질수록 장 박사의 고민은 깊어졌다. 장 박사는 더 절실하게 기도했다. 총회 마지막 날(12월 12일)에도 꼭두새벽에 일어나 성당으로 향했다. 당시 한국대표단 일원으로 파리에 함께 갔던 모윤숙 시인은 가톨릭 신자가 아니었지만 장 박사의 기도에 동행했다. 모윤숙 시인은 그날 새벽의 상황을 이렇게 회고했다.

> 장 박사는 세인트 조셉 성당에 들어서 촛불이 켜진 성모상 앞에 경건히 무릎을 꿇고 기도의 세계에 몰입했다. 30분이 지나

도록 기도를 계속했다. 다리가 아프기 시작한 나로서는 고통스러운 일이 아닐 수 없었다. (…) 장 박사는 거의 1시간 만에야 일어났다. 성당을 나왔을 때에도 날은 아직 채 밝지 않았다. 나는 그냥 호텔로 돌아올 줄 알았는데, "요 근처 아베마리아 성당이 있는데 거기 가서 한 차례 더 미사에 참례합시다"라고 말하지 않는가. 나는 그만 주저앉을 것만 같았다. (…) 나는 그분의 인격에 눌려 한 5백 미터쯤 떨어져 있는 아베마리아 성당으로 따라갔다. (…) 12월 12일의 먼동이 터온다. 9시에 개최되는 총회를 앞두고 다시 장 박사가 (대표단 단원들에게) 명령을 내린다. "각국 대표들이 잠자리에서 일어날 때 다시 찾아가 확인합시다. 최후의 승리를 확보해야 합니다. 대한민국의 운명은 우리의 두 어깨에 얹혀 있습니다. 자, 어서!"*

장면의 기도와 '보이지 않은 손'

지성이면 감천이라고 했던가. 12월 12일 기적 같은 일이 벌어졌다. 한국에 비우호적이기만 했던 에바트 의장이 총회 마지막 날 마지막 안건으로 '대한민국 정부 승인의 건'을 공식

---

* 조광, 《장면총리와 제2공화국》, 경인문화사, 2003, 79~80쪽.

상정했고, 장면 대표에게 발언 기회를 준 것이다. 장면은 유창한 영어 연설로 각국 대표단을 감동시켰다. 투표 결과는 가결 46표, 반대 6표, 기권 1표. 압도적인 표 차이로 대한민국 정부가 승인되었다. 장 박사는 유엔총회 폐막 직후 대통령 특사 자격으로 바티칸을 방문해 비오 12세 교황을 알현하고 대통령을 대신하여 감사의 말씀을 드렸다.

 유엔의 한국 정부 승인은 앞에서 미국이 힘차게 이끌어 주고 뒤에서 교황청이 '보이지 않게' 밀어주었기 때문에 가능했다. 유엔 승인에 뒤이어 미국이 1949년 1월 1일 한국 정부를 공식 승인했다. 미국을 필두로 대만, 영국, 프랑스 등 자유 우방 국가들이 줄줄이 한국과 수교했다. 역사에 가정이 없다지만, 만약 한국 정부가 이때 유엔 승인을 받지 못했더라면 한반도 역사는 어떻게 되었을까. 상상만 해도 끔찍하다. 한국 정부가 승인된 지 불과 1년 반 정도밖에 지나지 않은 시점에 북한의 남침으로 6·25 전쟁이 벌어졌다. 이때 유엔군이 극적으로 참전하여 한국을 살려냈다. 한국이 유엔 승인을 받지 못했더라면 어떻게 되었을까.

 이승만 대통령은 유엔총회에서 승전고를 울린 장면 박사를 곧바로 초대 미국 대사에 임명했다. 장 박사는 6·25 전쟁이 터지자 미국에서 유엔군 참전을 이끌어내는 데 혁혁한 공을 세웠다. 허동현 교수(경희대)는 이승만 대통령의 외교 전략에 대해 이렇게 설명했다.

> 바티칸의 지원은 전적으로 장면으로 매개로 하여 이루어진 것으로 그가 유엔총회 파견 수석대표로 임명된 이면에는 가톨릭의 영향력을 활용하려는 이승만의 정치적 복선도 작용한 것이었다.*

비오 12세 교황(260대)에 이어 주프랑스 교황대사 론칼리 대주교가 요한 23세 교황(261대)이 되었고, 또 그 뒤를 이어 국무장관 몬티니 대주교가 바오로 6세 교황(262대)이 되었다. 한국 정부의 유엔 승인을 드러나지 않게 지원했던 '보이지 않은 손' 3명 가운데 한 분은 현직 교황이었고 두 분은 '예비 교황'이었던 셈이다. 요한 23세 교황은 쿠바 미사일 사태를 해결하는 데 결정적 기여를 했던 바로 그분이다. 바오로 6세 교황은 한국 최초의 추기경(김수환)이 탄생케 했던 분이다.

---

* 조광, 《장면총리와 제2공화국》, 경인문화사, 2003, 79쪽.

요한 바오로 2세, 5·18 현장 첫 방문

요한 바오로 2세 교황이 1984년 5월 한국을 찾았다. 전두환 정부 때였다. 정통성이 매우 취약했던 5공 정부는 도덕성 확보 차원에서 교황 방한을 적극 추진했고, 교황이 한국에 오자 거국적으로 환영하는 모습을 취했다. 과공過恭의 극치였다. 전두환 대통령과 3부 요인이 김포공항에 가서 직접 환영했다. 전 대통령은 연단에 올라 거창한 환영사까지 낭독했다. 연설 비서관의 잘못이었을까? '하느님'이라고 표현하지 않고 '하나님'이라고 했다. 가톨릭을 몰라도 한참 모르는구나 하는 생각이 들었다. 3군 의장대가 환영의 예를 갖추었고, 한복을 곱게 차려입은 여성들이 꽃술을 흔들며 열광했다. 김포공항에서 청와대로 가는 연도에는 수많은 시민이 태극기와 교황청기를 들고 질서정연하게 환영해주었다. 방송국 아나운서는 환영 인파가 150만 명에 달한다고 전했다.

요한 바오로 2세 교황은 1979년 자신의 조국인 폴란드를 방문하여 동유럽에 민주화의 불꽃을 피워 올린 분이다. 교황은 당시 공산 독재에 신음하는 동포들에게 "당신들은 인간이다. 존엄성을 갖고 있다. 땅에 배를 깔고 기어 다니지 마라"는 유명한 메시지를 남겼다. 교황은 한국 방문 성구(슬로건)를 이렇게 정했다. "이 땅에 빛을!" 교황청은 원래 "자, 일어나 가자"(창세 33.12)로 정했으나, 한국 정부가 극구 반대하여 절충안으로 "이 땅에 빛을!"로 정했다고 한다. 성경에는 "자, 일어나 가자. 내가 앞장서마"로 표현되어 있다. 전두환 청와대는 뜨끔했을 것이다.

요한 바오로 2세 교황은 사목 방문 첫날 광주를 방문했다. 광주공항에 내려 행사장인 무등경기장으로 곧장 가지 않고 일부러 전남도청 앞과 금남로를 찾았다. 어떻게 알았는지 수많은 시민이 연도를 꽉 메운 채 교황이 타고 가는 차량을 보고 손을 흔들며 환영했다. 광주 시민들은 이날이 오기를 가슴 졸이며 기다렸을 것이다. 세계적 영향력이 있는 저명인사가 공개적으로 광주를 방문하여, 전남도청 앞 광장과 금남로를 찾은 것은 5·18 민주화운동 이후 처음이었다. 전두환 청와대는 교황의 금남로 카퍼레이드를 강력히 반대했지만 교황의 마음을 돌릴 수 없었다. 교황은 무등경기장에서 강론을 통해 "광주 시민 여러분의 마음과 영혼에 새겨진 깊은 상처가 치유되기 어려운 점을 너무나 잘 알고 있다"라고 위로해주었다. 교황의 광주 방문은 5·18 민주화운동의 진상을 규명하고 세계 여론을 환기시키는 데 중요한 계기가 되었다. 이날의 교황 방문 기념비가 광주-기아 챔피언스 필드(옛 무등경기장) 앞에 세워져 있다.

현재 바티칸을 지키고 있는 프란치스코 교황! 2014년 세월호 문제가 정치적으로 논란이 되고 있던 시점에 한국을 찾아 "인간의 고통 앞에 중립은 없다"며 유가족을 위로해주었고. 사회적 참사가 발생했을 때 어떤 자세로 원인을 규명하고 재발 방지책을 마련해야 하는지에 대한 지혜를 주었다. 또 북한 방문을 추진하는 등 한반도 평화 프로세스를 적극 지원했다.

대한민국 정부 수립 이후 지금까지 교황청을 외교정책의 전략적 거점으로 활용한 대통령은 이승만과 문재인 두 명뿐이다.

교황님, 교황님, 우리 교황님!

신임장 제정식이 있던 날, 프란치스코 교황과의 첫 독대는 나의 예상을 기분 좋게 빗나갔다. 교황은 한국에 대한 아름다운 추억을 많이 들려줬다. 내가 물어보지 않았는데도, 한국 대사가 오면 말해주고 싶었는지 이야기보따리를 줄줄이 풀어놓았다.

가장 먼저 꺼낸 이야기는 성가소비녀회 수녀들에 대한 감사의 회고였다. "한국 수녀들에 대한 고마움을 지금도 잊을 수가 없습니다. 아르헨티나에 도착하자마자 병원에 와서 환자들을 헌신적으로 돌봐주셨어요. 말이 통하지 않으니 따뜻한 미소로 깊은 사랑을 나누었습니다. 환자들 모두가 좋아했어요. 환자를 살리고 병원을 살렸습니다."

베르골료 주교, 3명의 한국 수녀에 감동

성가소비녀회^{聖家小婢女會}는 한국에서 창설된 한국 토종의 방인^{邦人} 수도회다. 수녀회 이름처럼 성가족(예수님, 성모님, 요셉 성인)의 '작은 여종'이 되어 가난한 사람들을 섬기는 가톨릭 수도공동체다.

아르헨티나 플로레스 교구의 호르헤 마리오 베르골료 주교(현 프란치스코 교황)는 1993년 관내 무의탁환자 무료병원에서 봉사할 수녀들을 파견해달라고 성가소비녀회 본부에 요청했는데, 3명의 한국 수녀들이 왔다. 병원에서 봉사하고 있던 아르헨티나 수녀들이 철수하고 난 뒤 20여 곳의 수녀회에 편지를 보내 수녀들을 파견해달라고 요청했지만 답을 얻지 못한 상태였다. 베르골료 주교는 한국 수녀들이 오기를 바라면서 아무에게도 말하지 않고 그 징표로 흰 장미 한 송이를 보내달라고 청했는데, 한국 수녀들이 도착한 날 성당 제대 꽃병에 정말로 꽃 한 송이가 꽂혀 있었다고 한다. 베르골료 주교는 성가소비녀회에 보낸 감사 편지에서 "한국 수녀들에게서 성모님의 사랑을 느꼈으며 거룩한 어머니이신 교회의 이미지를 보았다"라고 적었다.

성가소비녀회 수녀들은 자신들을 '소비녀^{小婢女}'라고 부른다. '작은 여종'이라는 뜻이다. 프란치스코 교황의 말을 듣고 보니, 캄보디아에서 만났던 소비녀 한 분이 생각났다. 2013년 캄보디아 장애인기술교육학교에서 자원봉사를 하고 있을 때 만난 마리비안네 수녀도 성가소비녀회 소속 수녀였다.

어느 날 공동체 식구들과 장례문화에 대해 이야기를 하던 중이었는데, 마리비안네 수녀가 "나도 염을 할 줄 안다"라고 말했다. 다들 놀란 표정으로 "수녀님이 진짜 염을 하셨느냐?"라고 묻자, 마리비안네 수녀는 "그렇지요. 염사殮師 자격증도 갖고 있습니다"라고 대답하는 게 아닌가. "무섭지 않았느냐?", "하고많은 일 중에 어떻게 그런 일을 했느냐?" 질문들이 쏟아졌다. 그러자 마리비안네 수녀는 웃으며 이렇게 말했다. "우리 수도회 이름이 성가소비녀회잖아요. 돌아가신 분을 예수님이나 성모님이라 생각하고 염하면 보람이 있어요. 임종을 앞둔 환자의 자녀들이 사전 예약을 할 정도로 한때 인기 있는 염사였습니다." 아, 그래서 성가족의 소비녀, 작은 여종이구나! 저절로 존경심이 일어났다. 베르골료 주교는 교황이 되어 바티칸에 있으면서도 매년 성탄절이 다가오면 아르헨티나의 한국 수녀들에게 감사의 편지를 보내고 있다.

프란치스코 교황은 아르헨티나의 한국 교민들에 대한 칭

성가소비녀회 수녀들과 베르골료 주교(현 프란치스코 교황). ⓒ 성가소비녀회

찬도 아끼지 않았다. 부지런하고 지혜롭고 봉사정신도 강하고 돈도 잘 벌고! 유대인 마을이 코리아타운으로 변해 있길래 자세한 내용을 알아봤더니, 똑같은 물건을 팔면서도 가격이 10%나 싸고 새벽부터 저녁 늦게까지 가게 문을 여니 유대인들이 견디지 못하고 다른 곳으로 옮겨 갔다는 말을 들었다고 했다. 한국 천주교 역사에 대해서도 잘 알고 있었다. 한국은 외부 선교사의 도움 없이 스스로 천주교를 들여왔고, 혹독한 박해를 받아 수많은 순교자가 나왔다는 사실까지. 그리고 한반도가 분단되기 전 북한에 많은 천주교 신자가 있었다는 것도 알고 있었다.

프란치스코, 판문점 선언 1주년 특별 메시지

프란치스코 교황에게 크게 신세를 진 일이 있다. 외교부 본부에서 2019년 4월 정말 어려운 숙제를 하나 내주었다. '4·27 판문점 선언 1주년'을 맞아 공중파 TV 3사(KBS, MBC, SBS) 주관으로 판문점에서 기념행사를 하니 프란치스코 교황의 축하 영상 메시지를 받아서 보내달라는 것이었다. 나도 청와대에서 홍보수석 할 때 경험해본 일인데, 이런 일이 무척 어렵다. 서면 메시지의 경우 실무자가 작성한 문구를 대통령이 수정 보완하여 서명하면 그만이지만, 영상 메시지는 대통령이 스튜디오에 가서 직접 녹화를 해야 하기 때문이다. 3분짜리 영상이라도 1시간 이상 걸릴 때가 적지 않다. 더구나 교황은 노구에 거동이 불편하지 않은가. 평소 여러 나라의 현안에 대한 메시지를 많이 발표하지만 개별적으로 영상을 촬영하지는 않는다. 일반알현(수요일)이나 삼종기도(일요일) 때 베드로 광장에서 원고를 읽는 식으로 한꺼번에 발표하면 기자들이 그중 일부를 발췌하여 보도한다.

그런데 판문점 선언 1주년 기념 영상은 한국에만 해당하는 메시지이기에 단독으로 녹화해야 하는데 이게 가능할까 하는 생각이 들었다. 청와대와 외교부는 이런 사정을 전혀 모르고 공문을 보낸 듯싶었다. 그러나 부딪쳐보긴 해야지! 이것이 내 특기 아닌가! 밑져야 본전이라는 말도 있는데, 한번 시도해보기로 하고 교황청 관계자들을 만나 사정을 이야기했다. 외교부 루키니 몬시뇰, 의전장 머피 몬시뇰, 외교장관 갈라거 대주교, 국무장관 페냐 파라 대주교 등 관계자들을 차례로 만나 이렇게 이야기했다. "'하노이 노 딜'로 한반도 평화 프로세스에 급제동이 걸려 남한이나 북한이나 어려운 처지에 있다. 이럴 때 교황께서 좋은 메시지를 보내주시면 큰 힘이 될 것 같다. 교황은 누구보다도 한반도의 평화를 간절히 바라고 있지 않냐." 아무도 확실한 대답을 해주지 않았다. 기다리는 수밖에 없었다. 서울에서는 날마다 독촉을 했다. 나도 확실한 대답을 해주지 않고 기다리고 있다고 말해줬다.

행사 날(4월 27일 토요일 저녁)이 가까워질수록 초조해졌다. 교황청에서 안 된다고 하면 서울에 보고하고 손을 털면 그만인데, 안 된다는 말도 없으니 답답할 노릇이었다. 26일 오전에도 연락이 없었다. 점심시간이 지나자 교황청 의전실에서 연락이 왔다. "교황님께서 오후 4시 30분에 녹화하기로 했으니 기다려달라." 아, 어쩌란 말인가! 그 시간이면 서울은 자정이 다 되어가는 한밤중이다. 행사팀은 이미 큐시트를 확정하여 리허설까지 마쳤을 텐데, 교황의 영상 메시지를 받는다 해도 TV 방송에 들어갈 수 있을지 걱정이 되었다. 행사를 총괄하는 탁현민 행사 자문위원(전 청와대 비서관)에게 전화하여 어렵게 섭외한 영상이니 꼭 반영해달라고 통사정을 했다.

4월 27일 저녁 판문점에서 열린 판문점 선언 1주년 기념 평화 퍼포먼스의 타이틀은 '먼 길', '멀지만 가야 할 길'이었다. 남북 공동 행사가 되지 못해 많은 아쉬움을 남겼지만 뜻깊은 행사였다. 프란치스코 교황의 메시지는 문재인 대통령의 메시지와 함께 TV를 통해 국민들에게 전달되었다. 교황의 메시지는 다음과 같다.

"친애하는 친구 여러분

한반도의 평화, 번영, 통일을 위한 판문점 선언 1주년을 맞이하여 나의 진심 어린 축하를 보내게 된 것을 기쁘게 생각합니다. 금번 1주년 기념행사가 일치, 대화, 형제적 연대에 기반한 미래가 실제로 가능하다는 희망을 모두에게 줄 수 있기를 기원합니다. 인내심 있고 끈기 있는 노력을 통해 화합과 우호를 추구함으로써 분열과 대립을 극복할 수 있습니다. 나는 금번 판문점 선언 기념행사가 모든 한국인들에게 평화의 새 시대를 가져다주기를 기도합니다. 여러분 모두에게 하느님의 축복이 풍성히 내리기를 빕니다."

프란치스코 교황의 영상 메시지 녹화는 한국을 사랑하는 마음이 없다면 결코 가능하지 않은 일이었다. 더구나 4월은 사순시기여서 교황청이 무척 바쁜 시즌이다. 교황청 실무자들은 물론이고 교황도 무리한 민원을 한 나에게 '정말 철없는 한국 대사'라고 하지 않았을까 하는 생각이 들었다. 현지에서 실무를 봤던 나로서는 고맙기 그지없는 일이었지만 말이다.

교황은 왜 한국을 이토록 사랑하실까?

프란치스코 교황은 한국에 관한 일이라면 어떤 민원이라

도 들어주었다. 대사 재임 3년 내내 "교황님, 교황님, 우리 교황님!"이라는 말이 절로 나올 정도였다. 교황청에서 첫 '신고식'을 했을 때 만났던 루키니 몬시뇰이 해주었던 말 그대로였다. 교황청과 한국의 업무 협조가 너무 잘되었다.

프란치스코 교황은 평창동계올림픽, 남북정상회담, 북미정상회담 등 중요한 이벤트가 있을 때마다 행사 전에는 성공을 기원하는 메시지를, 행사 후에는 감사의 메시지를 선물처럼 건네주었다. 이와 함께 밀양 세종병원 화재 참사(2018년), 남북한 태권도 시범경기(2018년), 제주 4·3 70주년(2018년), 5·18 민주화운동 40주년(2020년) 등 계기가 있을 때마다 한국 국민들을 위로하고 격려하는 메시지를 발표했다. 문재인 대통령의 모친이 2019년 선종했을 때도 조문 메시지를 보내주었다. 장례 미사 때 부산교구 사무처장 조영만 신부가 교황의 메시지를 대신 읽었다.

"저는 대통령님의 사랑하올 어머니 부고 소식을 듣고 슬픔에 잠겼습니다. 모친께서 그리스도교 신앙의 모범을 보이셨고 지극히 선하심을 유산으로 남겨주셨으니, 전능하신 하느님께 감사드립니다. 주님께서 무한한 자애심으로 유가족들을 돌보시기를 기도합니다."

'진보 가톨릭'의 아이콘, 예수회

 가톨릭은 조상 제사를 허용하고, 개신교는 허용하지 않는다. 똑같은 예수 그리스도(기독)를 믿는 그리스도교(기독교)이면서 왜 그럴까. 16세기 중국에 최초로 가톨릭을 전파한 예수회 소속 마테오 리치 신부가 가장 먼저 제사 허용 문제를 제기했다. 교황청에서 진보파와 보수파 간에 격렬한 논쟁이 100여 년 동안 이어졌다. 예수회는 이 과정에서 일시적으로 해산 명령을 받는 고초를 겪기도 했다. 교황청은 제2차 바티칸공의회에서 우상 숭배가 아닌 조상 공경 차원의 제사를 공식 허용했다. 제사 문제뿐만이 아니다. 예수회는 성경 해석, 선교 방법론, 수도회 운영 등에서 가장 진보적인 입장을 취해오고 있다. '진보 가톨릭'의 아이콘, 예수회는 프란치스코 교황 즉위를 계기로 주목을 받고 있다. 프란치스코 교황은 예수회가 배출한 최초의 교황이다.

가톨릭 역사는 2,000년이 넘는다. 그 유구한 역사 속에서 어떻게 고비 고비 큰 위기를 넘기면서 계속 성장하고 발전할 수 있었을까. 그 비결은 무엇일까. 여러 가지 측면에서 해답을 찾을 수 있겠지만, 조직론을 연구하는 학자들은 그 비결을 가톨릭 특유의 조직 운영에서 찾고 있다.

가톨릭은 교구 조직과 수도회 조직으로 이원화되어 있다. 정점에는 교황청이 있다. 가톨릭 교구 조직은 '교황청-대교구-교구-본당-공소'의 계층구조로 되어 있다. 가톨릭은 거대한 교구 조직을 통해 전 세계를 거미줄처럼 감싸고 있다. 여기서 교구가 핵심이다. 교구를 관할하는 교구장은 교황이 직접 임명한다. 수도회(수녀회 포함)는 교구와 독립적인 관계에 있다. 인사와 예산 등 행정 사항은 물론이고 사도직 등 내부 운영 지침에 대해 교구가 간섭할 수 없다. 예를 들어 서울대교구 안에 있는 수도회에 대해서 서울대교구가 이래라저래라 간섭하지 못한다는 의미다. 수도회는 교황청 지휘만 받는다(일부 교구청립 수도회는 교구청이 지휘). 교구와 수도회는 상호 보완 내지는 상호 협력의 파트너이지만, 때로는 상호 견제도 한다. 여기에 조직론적 묘미가 있다.

가톨릭이 풍전등화의 위기에 처할 때마다 위대한 성인

들이 출현하여 수도회를 조직한 다음 참신하고 유능한 사제들을 배출하여 가톨릭을 쇄신했다. '뉴 가톨릭'은 항상 수도회 주도로 창출되었다. 대표적인 사례가 5세기의 베네딕토 성인과 베네딕토회, 13세기의 프란치스코 성인과 작은형제회(프란치스코회), 16세기의 이냐시오 성인과 예수회다.

예수회 Society of Jesus 는 종교개혁의 불길에서 가톨릭을 구해낸 일등공신이다. 로욜라의 이냐시오 성인이 1534년 파리에서 창설했다. 당시 수도회는 대부분 정주형 monastery 이었으나 예수회는 개방형 society 으로 운영되었다. 체계적인 교육 시스템을 도입하여 시대 흐름에 맞는 사제를 양성해냈다. 해외 선교 전략도 파격적이었다. 당시 스페인과 포르투갈이 남미 선교에 적용했던 백지화 전략 tabula rasa 대신 적응주의 정책 accommodation policy 을 구사했다. 백지화 전략은 토착민들의 문화를 무시(백지화)하고 강제 개종하는 방식이다. 적응주의 정책은 제사 허용처럼 현지 문화에 그리스도교를 정착시키는 토착화 전략이다. 당시로선 선교 패러다임의 일대 혁신이었다. 예수회는 남미와 아시아에 선교의 거점을 만드는 데 성공했고, 가톨릭이 세계종교로 성장하는 데 큰 역할을 했다. 팝페라 가수 사라 브라이트만이 부른 〈넬라 판타

지아$^{Nella\ Fantasia}$〉로 더 유명해진 영화 〈미션$^{The\ Mission}$〉은 18세기 남미에서 있었던 예수회 선교사들의 이야기로 채워져 있다.

예수회는 세계 곳곳에 많은 교육기관을 설립하여 운영하고 있고 걸출한 신학자도 다수 배출했다. 한국의 서강대학교, 미국의 조지타운대학, 일본의 조치上智대학, 이탈리아의 그레고리안대학, 오스트리아의 인스부르크대학 등이 대표적인 예수회 대학이다. 예수회는 현재 200여 개 대학과 1,000여 개 중고등학교를 운영하고 있다. '익명의 그리스도론'으로 유명한 독일 신학자 카를 라너$^{Karl\ Rahner}$(1904~1984년) 신부가 예수회원이다. 카를 라너는 20세기의 가장 중요한 가톨릭 신학자로 꼽히는 인물이다. 제2차 바티칸공의회의 자문역으로 활동하며 가톨릭을 개혁하는 데 이론적 토대를 마련했다. 고생물학자이자 지질학자인 프랑스 과학자 테야르 드 샤르댕$^{Teilhard\ de\ Chardin}$(1881~1955년) 신부도 예수회원이다. 샤르댕 신부는 창조론(신학)과 진화론(과학)의 관계를 이론적으로 규명하여 '진화론적 창조론'을 완성했다.

로마에 있는 예수회 총원. 바티칸 바로 앞에 있다.

콘클라베, 그리고 추기경

 교황청은 국가의 수장인 교황을 어떻게 뽑을까. 교황청만의 독특한 선거제도가 있다. 소위 콘클라베conclave 방식이다. 라틴어 'conclave'는 영어로 'with key'를 뜻한다. 회의장 문을 열쇠로 봉쇄해놓은 상태에서 교황을 선출하는 방식, 즉 교황선출봉쇄회의다. 콘클라베의 특징은 '봉쇄된 공간, 토론 없는 비밀투표'라 할 수 있다. 독립성과 중립성, 그리고 공정성을 확보하기 위한 극단의 안전장치다.

 콘클라베의 규칙은 무척 엄격하다. 80세 미만의 추기경만이 콘클라베에 참여할 수 있다. 추기경은 교황을 뽑는 선거권과 교황이 될 수 있는 피선거권을 동시에 갖고 있다. 교황이 선종(사망)하거나 사임할 경우 국무원장을 비롯한 모든 부처의 장관들은 자동으로 직위를 잃는다. 유일한 예외는 행정처장(궁무처장) 추기경이다. 차기 교황 선출을 위한 선거 실무를 담당하기 때문이다. 행정처장은 추첨으로 3명의 추기경을 뽑아 4인 특별위원회를 구성한다. 행정처장이 위원장, 3명의 추기경이 위원을 맡는다. 행정처장은 특별위원회의 결정 사항을 집행하며, 3명의 추기경은 3일마다 추첨에 의해 교체된다.

추기경들의 숙소는 바티칸에 있는 사제 공동숙소인 산타마르타 하우스다. 방 배정은 추첨으로 한다. 투표 장소는 미켈란젤로의 역작 〈천지창조〉와 〈최후의 심판〉이 있는 시스티나 경당이다. 숙소와 투표 장소 모두 외부인의 출입이 엄격히 통제된다. 추기경들은 하느님께 비밀 엄수를 맹세한다. 그리고 산타마르타 하우스와 시스티나 경당에서는 물론이고 숙소에서 투표 장소로 이동할 때도 침묵을 지켜야 한다. 어느 누구도 토론을 하거나 유세를 할 수 없다. 외부와의 소통도 완전 차단된다. 신문, 라디오, TV 등이 숙소나 투표 장소에 지원되지 않을 뿐만 아니라 핸드폰 등 통신기기도 소지할 수 없다. 심지어 시스티나 경당의 커튼도 내려진다.

추기경들은 콘클라베 기간 내내 침묵 속에서 살아야 한다. 시스티나 경당은 콘클라베가 열리면 일정 기간 투표장으로 개조된다. 연기를 피워 교황 선출 유무를 알릴 굴뚝도 세워진다. 모든 추기경이 1인 1표를 행사하여 3분의 2 이상의 지지를 받은 추기경이 교황이 된다. 투표용지를 확인하고 집계하는 검표원·계표원 역할은 특별위원회 소속 3명의 추기경이 한다. 투표가 끝나면 투표용지를 모두 불에 태운다. 투표용지를 소각할 때 특수한 화학약품을 가미하여 교황 선출 유무를 외부(베드로 광장)에 알린다. 교황 선출에 성공했을 경우 굴뚝에서 흰 연기가, 실패했을 경우 검은 연기가 나온다. 투표는 신임 교황이 선출될 때까지 계속 진행된다. 30번을 투표했는데도 3분의 2를 득표한 추기경이 나오지 않으면 31번째부터는 과반수 득표자를 교황으로 선출한다.

콘클라베에 참여하는 모든 추기경은 '붉은 사각모자(비레타)'를 쓰고 시스티나 경당에 들어가지만, 투표가 끝나 시스티나 경당을 나올 때는 오로지 한 명만이 '하얀 모자(주케토)'를 쓰고 나온다. 2013년 3월 13일 오후 7시 6분 시스티나 경당 굴뚝에서 흰 연기가 피어올랐다. 콘클라베 시작 이틀째 다섯 번째 투표에서 추기경 115명의 3분의 2인 77명 이상의 지지를 얻은 새 교황 탄생을 알리는 신호였다. 베드로 광장을 가득 메운 순례자들이 일제히 환호성을 지르며 감동의 눈물을 흘렸다. 뒤이어 베드로 대성전에서 종소리가 울려 퍼졌고, 바티칸과 이탈리아의 군악대가 가톨릭 성가를 연주하며 행진하자 광장의 열기는 절정에 달했다. 순례자들은 세계 각국의 국기를 힘차게 흔들었다. 오후 8시 20분쯤 트럼펫 소리와 함께 베드로 대성전 발코니의 커튼이 열렸고, 드디어 '하얀 모자'를 쓴 프란치스코 교황이 모습을 드러냈다.

추기경은 교황청에서 특별한 지위를 갖는다. 언제든 교황 독대를 신청할 수 있고, 교황은 이를 받아들여야 한다. 추기경은 교황 선출 피선거권을 갖고 있어, 모두 '잠재적 교황'이다. 교황 궐위 시 교황으로 선출될 수 있는 'n분의 1 교황'이기 때문이다. 통계적으로 그렇다는 이야기다. 2024년 12월 말 현재 80세 미만 추기경은 140명이다. 콘클라베 자격을 갖춘 추기경은 한국에 한 명도 없다. 염수정 추기경은 이미 80세를 넘었다. 유흥식 추기경은 80세 미만이지만 교황청 성직자부 장관으로 바티칸에 있다. 일본에는 80세 미만 추기경이 2명 있다. 한국에 새 추기경이 곧 탄생할 것으로 보인다.

2013년 3월 콘클라베에서 선출된 프란치스코 교황이 추기경들과 함께 시스티나 경당에서 걸어 나오고 있다. ⓒ 교황청

PART 6

'그날'은 온다

다른 길이 있나?

북핵 위기가 고조될 때마다 워싱턴발 외신은 무시무시한 뉴스를 쏟아내곤 했다. "백악관은 북한의 주요 핵 시설에 대한 서지컬 스트라이크surgical strike를 검토하고 있다." 서지컬 스트라이크, 외과 의사가 환부를 정확히 도려내는 수술을 하듯 군사적으로 특정 목표를 신속하고 정확하게 파괴하는 정밀 타격을 의미한다. 문제는 그다음이다. 미국이 북한의 핵 시설을 공격하면 북한은 가만히 있을까. 이미 휴전선 부근에 수많은 방사포를 배치해놓고 있다. 한국 인구의 절반이 살고 있는 수도권이 사정권 안에 들어 있다. 더구나 북한은 핵폭탄도 보유하고 있다. 냉전 시절 군사용어인 MAD Mutual Assured Destruction(상호확증파괴) 이론이 21세기 한반도에서 어른거리고 있다. MAD는 핵무기 보유국이 적국에 대해 핵 공격을 하면 상대국 역시 핵무기로 보복 공격할 거라는 이야기인데, 이 낡은 군사이론이 한반도에 적용될지도 모른다는 말이다. 비극이다. MAD 이론이 현실화할 경우 너도 죽고 나도 죽는 공멸의 상태가 된다.

'법적 통일'이냐, '사실상 통일'이냐

남북 문제를 어떻게 풀어야 할까. MAD 이론이 현실화할 수 있는 상황에서 무력에 의한 흡수통일론은 무모한 정책이다. 북한의 자체 붕괴론도 현실성이 거의 없다. 김대중 대통령이 주창한 햇볕정책만이 '신의 한 수'라 할 수 있다. 나그네의 두꺼운 외투를 벗게 하는 것은 거센 바람이 아니라 따뜻한 햇볕이라는 이솝 우화의 에피소드에서 따와 만든 이름이 '햇볕정책'이다. 햇볕정책은 남북한이 화해와 협력을 통해 공존의 틀을 만들어나가는 과정이다. 북한은 더 이상 타도의 대상이 아니라 공존의 파트너다. 햇볕정책의 목표는 남북한 공동의 평화번영이다. 노무현 대통령과 문재인 대통령의 대북정책도 햇볕정책의 기조에서 추진되었다.

한국의 대북정책은 목표와 방법론이 아무리 좋아도 미국의 협조 없이는 현실적으로 실현 불가능하다. 미국 대통령이 바뀔 때마다 협조를 구해야 한다. 조지 W. 부시 대통령이 2001년 2월 취임하자 '햇볕정책 설계자'로 알려진 임동원 국가정보원장(1999년 12월~2001년 3월)이 3주 후 미국을 방문했다. 민주당의 클린턴 행정부와 결이 다른 공화당 부시 행정부의 새로운 참모들에게 김대중 대통령의 대북정책을 설명해주고 협조를 구하기 위해서였다. 임 원장은 미국 중앙정보국CIA을 찾아 조지 테닛George Tenet 국장 등 주요 간부들에게 햇볕정책의 취지와 의미를 알아듣기 쉽게 설명했다.

> "우리의 대북정책은 북한이 궁지에 몰려 자살적 도발을 감행하게 되는 사태를 방지하고 북한이 변화할 수 있는 여건을 만들어나가는 것입니다. 우리는 화해와 협력을 통해 북한의 변화를 유도하여 남북 경제공동체를 형성하는 한편 군비통제를 실현하고자 합니다. 그리하여 수십 년이 걸릴지도 모를 '법적 통일'에 앞서 우선 남북이 평화공존하며 서로 오가고 돕고 나누는 '사실상의 통일' 상황부터 실현하고자 하는 것입니다. 이 길 이외에 다른 길은 없습니다."*

---

*   임동원, 《피스 메이커》, 창비, 2015, 395쪽.

'법적 통일de jure unification'은 서독과 동독처럼 법적·제도적으로 통일하는 것이고, '사실상 통일de facto unification'은 남과 북이 평화롭게 왕래하고 교류하여 경제공동체와 사회문화적 생활공동체를 구축하는 점진적 통일이다.

한때 통일대박론이 정치권은 물론이고 학계와 언론계에서 크게 논란이 되었다. 박근혜 대통령이 2014년 1월 신년 기자회견에서 "통일은 대박이다"라고 말한 후 통일대박론이 국정 과제로 부각되었기 때문이다. 통일대박론은 북한의 붕괴임박론이나 급변사태론 등을 전제로 한 이야기였다. 통일대박론이 허망한 꿈이 되어버린 이유는 현실성이 없는 가설 위에 만들어진 희망 사항이었기 때문이다. 통일대박론의 개념에는 평화라는 자양분이 없었다. 평화적인 통일이 전제되지 않으면 통일은 대박이 아니라 재앙이 될 수 있다.

북한 붕괴론이 박근혜 정부 때 처음 나온 것은 아니다. 노태우 정부 시절 북한 붕괴론이 최고조에 달했다. 1989년 베를린 장벽 붕괴와 동유럽 혁명으로 동유럽의 공산국가들이 도미노처럼 무너지고, 공산 진영의 쌍두마차인 소련과 중국이 한국과 전격 수교했다. 한국의 북방정책 성공은 북한을 고립무원의 상태로 내몰았다. 북한의 공산주의 체제가 오래가지 못할 것이라는 예측이 나돌았다. 신봉길 한국외교협회 회장

(전 인도 대사)은 당시를 이렇게 회고했다.

> 1989년 1월 한소 수교를 통보하기 위해 평양을 방문한 세바르드나제 소련 외무장관에게 북한은 극도의 배신감을 토로했다. 북한은 미국, 일본과의 수교 시까지 시간을 달라고 했지만 소련은 거부했다. 북한은 핵 개발에 나서겠다고 위협했다. 당시 한국과 서방은 북한의 조기 붕괴 가능성에 들떠 있었다. 대북 고립, 압박 정책을 택했다.*

그 후 20여 년이 지난 박근혜 정부 때 다시 북한 붕괴론이 나왔고, 통일대박론이 대통령 신년 기자회견의 화두가 된 것이다. 현실성 없는 대북 강경론을 책상머리에서 너무 쉽게 주장하는 '안락의자의 전사들armchair warriors'이 많은 것 같다. 노태우 정부 때나 박근혜 정부 때의 북한 붕괴론 역시 안락의자의 전사들이 만들어낸 것 아닌가 하는 생각이 들 정도다. 그들의 머릿속에는 평화 프로세스의 개념이 들어 있지 않았다.

---

* 《중앙일보》, 2022년 6월 14일, 〈북핵, 남북한 공존 전제로 새 해법 찾아야〉, 신봉길.

"강물은 결국 바다에 도달한다"

국가 운영에서 안보는 최우선 과제다. 안보 없이는 경제, 문화 등 어떤 정책 시행도 불가능하다. 언제 외적이 침입할지 모르는데 어떻게 경제활동이나 문화활동을 정상적으로 할 수 있겠는가. 안보 우선 정책은 동서고금을 막론하고 어느 국가나 똑같다. 천년의 영화를 누린 고대 로마제국도 마찬가지였다. 시오노 나나미가 쓴《로마인 이야기》의 한 대목이다.

> 로마 황제의 책무는 '안전'과 '식량'의 보장이다. 하지만 '안전' 보장이 우선이다. 안전만 보장되면, 사람들은 자기한테 필요한 식량을 스스로 생산할 수 있다. 그것이 가능한 상태로 세상을 만들어주는 것이 통치자의 책임이다. '식량' 보장은 개인의 노력으로도 이룰 수 있지만, '안전' 보장은 개인의 노력을 넘어서는 과제이기 때문이다.*

안보가 가장 중요하지만 안보만으로 정상적인 국가 운영을 하기는 어렵다. 현재의 북한이 대표적인 사례다. 북한은 백

---

* 시오노 나나미, 《로마인 이야기 9: 현재의 세기》, 김석희 옮김, 한길사, 2019, 360쪽.

성들의 삶은 아랑곳하지 않고 극단적 안보우선론에 빠져 문호 개방을 거부한 채 고슴도치 전략을 강화하고 있다. 미국이 북한을 적대시하는 정책을 지속하는 상황에서는 문호 개방이 체제 붕괴를 초래할 것이라는 우려 때문일 것이다. 김정은 위원장은 급기야 2023년 말 '적대적 두 국가론'을 선언했다. 기존의 평화적 통일론을 내팽개쳐버린 것이다. 심각한 역주행이다. 이런 때일수록 합리적인 대응이 필요하다.

로마의 유구한 역사를 안고 흘러가는 테베레강에 대한 속담이 있다. "구불구불 느리게 흘러가지만 결국 바다에 도달한다." 한반도 평화 프로세스가 더 절실해졌다. 독일 통일은 어느 날 갑자기 하늘에서 떨어진 것이 아니다. 서독과 동독은 1990년 10월 3일 통일되었지만, 그 전에 많은 교류와 협력이 있었다. 매년 수백만 명의 사람들이 왕래했고 물자 교류도 활발하게 이루어졌다. 동독 사람들은 저녁에 서독 TV를 시청했다. 서독은 매년 평균 30억 달러 이상의 자금을 지원했다. 독일식 평화 프로세스가 꾸준히 가동되었던 것이다. 우리는 어떤가? 남북한의 공동 번영의 길, 한반도 평화 프로세스 말고 다른 대안이 있는가?

트럼프, 이번에는 평양 갈까

외교는 상상력이라고 했다. 허구적인 공상이 아니라 사실에 기초한 상상이 필요하다. 꿈의 갈매기, 조나단 리빙스턴 시걸처럼 상상의 나래를 더 높고 더 넓게 펼쳐보자. 2025년 1월 새로 취임한 도널드 트럼프 미국 대통령(47대)과 프란치스코 교황이 앞서거니 뒤서거니 평양을 방문할 가능성이 있다. '세속의 세계 대통령'과 '영적인 세계 대통령'이 평양을 찾고, 여기에 한국 대통령이 합세한다면 한반도에 어떤 변화가 일어날까. 상상 그 이상의 그림이 한반도에 그려질 수 있다. 2025년의 국제정세를 봤을 때 얼마든지 실현 가능한 비전이다.

교황, 북미정상회담 적극 지지

프란치스코 교황은 수차례에 걸쳐 북한 방문 의사를 밝혔다. 마음의 준비도 되어 있고 행정적 준비도 되어 있다. 문제는 김정은 국무위원장의 초청장이다. 김정은 위원장도 교황 초청 의사가 있다. 그러나 그 의도는 정치적일 수밖에 없다. 외교 전문가들은 김 위원장이 교황 초청 카드를 미국과의 관계 개선용으로 사용할 것이라는 분석을 하고 있다. 북한 외교의 최대 목표는 미국과의 수교를 통한 체제 안전 보장이다. 김 위원장은 '귀중한' 교황 방북 카드를 허투루 쓸 수 없다. 당면한 외교 목표(대미 관계 개선) 달성에 필요하다는 판단이 섰을 때 바티칸에 초청장을 보낼 것이라는 이야기다.

트럼프 대통령은 '파격'이 몸에 배어 있는 독특한 정치인이다. 정치, 경제, 외교 등 주요 현안 문제를 특유의 카리스마로 거침없이 해결해나가는 불도저형 스타일이다. '톱다운Top-down' 방식의 의사결정과 행정 처리는 그의 트레이드 마크다. 2018년 북미정상회담(1차)이 대표적인 사례 가운데 하나다. 예외도 있다. 2019년의 북미정상회담(2차), 소위 '하노이 노 딜'은 핵심 참모의 막판 개입으로 톱다운 방식의 의사결정에 브레이크가 걸린 사례다. 북핵 문제 해결이라는 '역사적 과업'에 재를 뿌린 장본인이 바로 존 볼턴 백악관 국가안보보좌관이었다. 볼턴 보좌관은 트럼프 대통령과의 정책적 견해 차이로 '하노이 노 딜' 7개월 뒤인 2019년 9월 전격 해임되었다. 2024년 대통령 선거 때 '트럼프 반대' 입장을 취했던 그가 트럼프 행정부 2기에 참여할 가능성은 전혀 없다. 볼턴 보좌관이 2024년 11월 미국 대통령 선거 직후 의미심장한 발언을 했다. 일본 《요미우리신문》은 선거 하루 전인 11월 4일에 인터뷰한 내용을 11월 9일 보도했다. "트럼프 대통령 당선인에게는 '예측 불가능'이라는 위험성이 있다"며 "그가 내년 1월 취임 후 북한 평양을 방문한다고 해도 전혀 놀랍지 않다"는 발언이었다.

트럼프 대통령이 첫 번째 재임 시절 평양 방문을 염두에 두었던 것도 사실이다. 문재인 대통령은 회고록에서 이렇게 증언했다.

> 트럼프 대통령도 언젠가 평양을 방문하고 싶다는 뜻이 있었어요. 하노이 회담으로 대화가 끊기지 않고 이어졌다면 다음 북미정상회담을 평양에서 할 수도 있었겠죠. 북한은 찾아온 손님에게 최대한 대접한다는 체면 같은 것이 강한 나라여서, 만약 그랬다면 기대 이상의 큰 성과를 올릴 수도 있었을 테죠.*

트럼프 대통령의 정치적 멘토 가운데 한 명인 뉴트 깅리치 전 하원의장도 2018년 북미정상회담(1차) 장소와 관련하여 "트럼프의 성격상 아마 평양을 택할 것"이라고 말한 바 있다. 트럼프 대통령에게 평양에 대한 거부감이 없다는 이야기다.

　트럼프 대통령은 노벨평화상에 관심이 많은 것으로 알려져 있다. 돈도 많은 분이 권력을 쟁취했으니 이젠 명예 아니겠는가. 러시아-우크라이나 전쟁과 중동 전쟁을 끝내게 하고, 어떤 방법으로든 북핵 문제를 해결할 경우 노벨평화상 수상의 유력한 후보로 떠오를 것이다. 유일한 냉전 지역인 한반도에 평화를 정착시키는 획기적 조치를 취한다면 '세계사적 업적'이 될 수 있다. 한반도는 해양세력(한국, 미국, 일본)과 대륙세력(북한, 중국, 러시아)이 충돌하고 있는 지역이어서 동북아시아 안보의 요충지라 할 수 있다. 이런 곳에 평화를 정착시킨 사람이 노벨평화상을 받지 않으면 누가 받겠는가. 문재인 대통령도 재임 당시 트럼프 대통령의 속마음을 잘 알고 있었다. 문 대통령은 한미정상회담을 앞두고 "노벨상은 트럼프 대통령이 타고, 우리는 평화만 가져오면 된다"는 덕담을 하기도 했다. 노벨평화상은 전쟁 프로세스에 있지 않고 평화 프로세스에 있다. 트

＊　문재인, 《변방에서 중심으로》, 김영사, 2024, 270쪽.

럼프 대통령도 이를 잘 알고 있을 것이다.

트럼프의 재집권은 한반도 평화 프로세스 진전과 프란치스코 교황의 방북 프로젝트 추진에 일말의 희망을 갖게 한다. 프란치스코 교황의 '소노 디스포니빌레'가 2027년 8월 서울 가톨릭 세계청년대회WYD를 전후로 실현될 수 있다는 전망이 나오는 것도 결코 무리는 아니다. 프란치스코 교황은 트럼프 대통령의 환경 정책(파리기후협약 탈퇴)과 인권 정책(난민 문제)에 대해서는 비판적 입장을 취했지만 북미정상회담에 대해서는 적극적인 지지를 표명했다. 프란치스코 교황과 트럼프 대통령이 시차를 두고 평양을 방문할 수도 있다는 전망이 나오는 배경이다.

클린턴, 평양 방문 계획 무산

과거 클린턴 대통령(민주당)도 평양 방문의 뜻을 갖고 있었다. 김대중 정부 시절, 클린턴 대통령은 방북 의지를 강하게 드러냈다. 임동원 국가정보원장은 회고록에서 그 과정을 소상히 밝혔다.* 올브라이트 국무장관이 2000년 10월 평양을 방문, 김정일 국방위원장과 만났다. 올브라이트 장관은 방북 후 서

---

* 임동원, 《피스 메이커》, 창비, 2015, 384~387쪽.

울에서 기자회견을 갖고 김 위원장과의 회담에 대해 만족을 표한 뒤 "중요한 진전을 이룩했다"라고 밝혔다. 올브라이트 장관을 수행하여 방북했던 웬디 셔먼Wendy Sherman 국무부 대북정책조정관은 "(북한은) 즉각적인 대사급 외교관계 수립으로 국가안보와 생존보장을 열망하며 클린턴 대통령의 평양 방문을 간절히 원하고 있다"라고 말했다.

그러나 이후 미국의 정치 일정에 큰 변동이 생겼다. 그해 11월 대통령 선거에서 공화당의 조지 W. 부시(아들 부시) 후보가 당선된 것이다. 12월 21일 아침, 클린턴 대통령은 김대중 대통령에게 전화를 걸어 "평양을 방문하지 않기로 결정했다"라고 전했다. 웬디 셔먼은 나중에 임 원장에게 "클린턴 대통령의 방북이 무산된 것이 너무나 아쉽다"라고 술회했다. 클린턴 대통령도 그로부터 5년 후 퇴임한 김대중 대통령을 서울에서 만나 "당시 나에게 1년이라는 시간만 더 있었다면 한반도의 운명이 달라졌을 것"이라며 몹시 아쉬워했다.

트럼프, '2019년의 전철' 밟지 않기를!

질묘한 외교 전략으로 독일 통일을 완수한 오토 비스마르크 재상은 "역사 속을 지나가는 신神의 옷자락을 놓치지 않고 잡아채는 것이 정치 지도자의 역할이다"라는 유명한 말을 남겼다. 클린턴 대통령도, 트럼프 대통령도 신의 옷자락을 한 번 놓쳤다. 트럼프 대통령에게는 다시 기회가 왔다. 트럼프 대통령이 2019년의 전철을 다시 밟지 않기를 기도한다.

미국 대통령 가운데 '이념의 장벽'을 깬 사례는 보수정당인 공화당 출신이 더 많다. 헨리 키신저Henry Kissinger 박사의 상상력이 '죽의 장막(중국)'을 뚫었다. 리처드 닉슨 대통령(공화당) 시절, 키신저 국무장관은 1971년 극비리에 중국을 방문해 온 세계를 깜짝 놀라게 했다. 닉슨 대통령이 이듬해 베이징에서 마오쩌뚱 주석과 미중정상회담을 갖고 대미를 장식했다. 언론은 닉슨의 중국 체류 7일을 '세상을 바꾼 한 주'라고 불렀다. 미국과 중국은 1979년 공식 수교했다. 1990년 서독과 동독의 통일을 '승인'해준 미국 대통령도 공화당의 조지 H. W. 부시(아버지 부시)였다. 1989년 미소정상회담(몰타)! 부시 대통령과 고르바초프 소련 공산당 서기장의 만남은 냉전시대에 조종을 울린 역사적 이벤트였다. 부시 대통령은 공산주의 종주국인 소련 해체와 동유럽 민주화 등 냉전시대의 종식을 주도했다. '종교의 장벽'을 깬 대통령도 공화당 출신의 로널드 레이건이었다. 미국은 가톨릭 인구가 전체의 25%에 달할 정도로 '가톨릭 강국'이지만, 개신교 세력(50%)의 반대로 교황청과 공식 수교를 하지 못하고 있었다. 레이건 대통령은 교황의 국제

정치에 대한 영향력 등을 고려하여 1984년 교황청과 공식 수교했다.

트럼프 대통령이 과연 '김일성 왕조'라 불리는 북한의 두꺼운 장벽을 깰 수 있을까? 뉴트 깅리치 전 하원의장의 말대로 트럼프 대통령을 태운 '거대한 전용기'가 평양순안국제공항에 착륙할지도 모른다. 트럼프 대통령이 선배 공화당 대통령들과 같은 상상의 나래를 펼 수 있을지, 그의 상상력과 정책적 행보에 관심이 쏠리고 있다.

외교는 상상력이다!

한국에 네 번째 추기경이 탄생했다. 교황청 성직자부 장관 유흥식 라자로 추기경! 프란치스코 교황은 2022년 8월 베드로 대성전에서 유 추기경 등 모두 20명의 신임 추기경 서임식을 가졌다. 유 추기경에게 축하 전화를 하면서 몇 가지 물어봤다.

이백만 대사 추기경님, 축하드립니다. 혹시 프란치스코 교황님의 특사로 평양에 가시는 일이 있을지 모르겠네요.

유흥식 추기경 네? 이 대사님, 무슨 말씀이세요?

이백만 대사 추기경님, 평양에 특사로 가게 되면 로마로 귀환하실 때 바로 가지 마시고 꼭 서울을 들렀다 가세요. 평양에서 서울로 올 때는 육로로 판문점을 통과하여 오시고!

유흥식 추기경　(크게 웃으면서) 이 대사님, 상상력이 정말 풍부하시네요.

세계의 시선 집중, 2027년 WYD

외교는 상상력이다! 꿈같은 이야기이지만, 그 꿈이 실현되지 않는다고 누가 함부로 예단할 수 있단 말인가. 가톨릭 세계청년대회WYD가 2027년 8월 서울에서 열린다. 교황청 관례상 WYD에는 항상 교황이 참석한다. 프란치스코 교황이 2027년 8월 한국을 방문할 것이라는 이야기다. 13년 만의 재방문이다.

프란치스코 교황의 방북 프로젝트가 재가동될 가능성이 크다. 교황이 2027년 남한만 방문할까? 북한을 방문할 가능성도 있다. 교황은 기회가 되면 북한을 꼭 방문하겠다고 여러 차례 밝혔다. WYD를 주관하는 정순택 대주교(서울대교구)는 이미 북한 청년들을 초대하겠다는 의사를 공식 표명했다. WYD를 앞두고 유흥식 추기경이 교황 특사로 먼저 평양을 방문하여 제반 여건을 조성해놓으면, 뒤이어 프란치스코 교황이 평양과 서울을 잇따라 방문하는 일정을 얼마든지 상상해 볼 수 있다.

    프란치스코 교황은 2021년 6월 대전교구 유흥식 주교를 교황청 성직자부 장관으로 임명했다. 엄청 파격적인 발탁 인사였다. 바티칸 기준으로 보면 대전교구는 변방 중의 변방이다. 그때 이미 유 장관에게 주어질 특별한 미션에 관심이 모아졌다. 《일 메사제로 Il Messaggero》, 《라 레푸블리카 La Repubblica》 등 이탈리아의 유력 언론매체들이 유 주교의 바티칸 입성을 주요 기사로 다루었다. 《라 레푸블리카》의 해설기사 제목이 정곡을 찔렀다. '바티칸에 입성하는 한국 성직자, 북한 방문을 꿈꾸는 프란치스코 교황의 선택'. 프란치스코 교황이 자신의 꿈(방북)을 실현하기 위해 유 주교를 간택했다는 의미다. 유 주교는 곧바로 대주교로 승격되었고, 1년 뒤 다시 추기경으로 서임되었다. 유 추기경의 기획력과 실천력, 그리고 폭넓은 인맥과 외교력은 바티칸에서 정평이 나 있다. 유 추기경도 장관 부임 후 공식 기자회견에서 "교황님의 방북을 주선하는 역할이 맡겨진다면 적극적으로 노력하겠다"면서 항간의 기대에 부응하는 말을 했다. 프란치스코 교황이 평양에 가기 전, 유 추기경이 교황 특사로 평양을 방문하는 것은 얼마든지 가능한 일이다.

"아버지, 때가 왔습니다"

"용기를 내어라. 내가 세상을 이겼다."(요한 16.33)

프란치스코 교황이 선택한 2027년 WYD의 주제 성구다. 예수님이 골고다 언덕에서의 수난을 앞두고 제자들을 격려하면서 하신 말씀이 WYD 슬로건으로 채택된 것이다. 예수님은 뒤이어 이런 기도를 하셨다. "아버지, 때가 왔습니다. 아들이 아버지를 영광스럽게 하도록 아버지의 아들을 영광스럽게 해 주십시오."(요한 17.1) 2027년 WYD는 프란치스코 교황 방북 프로젝트의 재추진에 있어 중요한 모멘텀이 될 수 있다. 교황이 WYD 슬로건으로 내건 요한복음 말씀은 남북한 백성 모두에게 용기와 희망을 주는 메시지다.

우리는 깨어 있어야 한다. 그리고 준비하고 있어야 한다. 한밤중에 올지도 모를 신랑을 기다리며 등과 함께 기름도 준비하고 있던 슬기로운 처녀들처럼(마태 25.1-13)!

에필로그

바티칸 3년의 경이

힘든 일이었지만 축복이었다. 2024년 갑진년, 유난히 무덥던 여름, 바티칸의 추억 속에서 살았다. 행복했다.

불감청 고소원! '감히 청할 수 없지만, 본래 바라던 것'이라는 뜻이다. 이 책 속에 다섯 번이나 나온다. 그것은 경이였고, 은총이었다. 결정적인 고비마다 복을 받았다는 의미다.

문재인 대통령의 회고가 울림을 준다.

"우리가 정상에 오르지는 못했지만, 정상을 봤죠. 정상을 봤고… 언젠가 다시 노력이 재개된다면 그때는 정상에 오를 거라

믿습니다."*

바티칸 3년의 기록에도 같은 말을 담았다. 프란치스코 교황도 9부 능선을 넘었으나 '그곳'에 가지 못했다. 정상을 바라보기만 했을 뿐이다. 구약성경 《탈출기》의 모세가 생각났다. 모세는 약속의 땅, 가나안을 밟지 못했다. 멀리서 바라보기만 했다. 가나안 땅 정복은 후임자 여호수아의 몫이 되었다. 주님이 모세에게 말했다. "네 눈으로 저 땅을 바라보게는 해주지만, 네가 그곳으로 건너가지는 못한다."(신명 34.4) 주님의 오묘한 뜻을 누가 알 수 있겠는가.

한반도 정세가 요동치고 있다. 북한 김정은 국무위원장이 2023년 말 '적대적 두 국가론'을 발표했다. 기존의 한반도 정책을 180도 뒤집는 발언이었다. 절치부심 끝에 다시 권좌에 오른 트럼프 대통령은 김정은 위원장에게 우호적인 멘트를 날리고 있다. 북미 대화 채널이 다시 가동될 조짐이다. 좋든 싫든, 긍정적이든 부정적이든, 역시 다이내믹 코리아Dynamic Korea다! 참여정부 시절, 국가의 공식 슬로건으로 'Dynamic Korea!'가 채택되었을 때 국내외 전문가들 대부분이 한국을 제대로

---

* 문재인, 《변방에서 중심으로》, 김영사, 2024, 49쪽.

보여주는 가장 적확한 표현이라고 평가했다. 맞다. 정치, 경제, 사회, 문화, 스포츠 등 거의 모든 면에서 한국처럼 다이내믹한 나라는 이 세상에 없다. 한반도 평화 프로세스도 다이내믹하게 전개되기를 기도한다.

감사의 말

바티칸 3년의 도반

바티칸 3년, 많은 분들의 도움을 받았다. 깊은 강을 건너고 높은 산을 넘어야 할 때 함께해주셨다. 처음 가는 길 나침반이 되어주셨고, 어두운 밤길 눈이 되고 귀가 되어주셨다. 결코 잊을 수 없는 분들이다.

감사의 말을 제일 먼저 교황청 사제들에게 드리고 싶다. 외교부의 로베르토 루키니Roberto Lucchini 몬시뇰(동북아국장), 조셉 머피Joseph Murphy 몬시뇰(의전장), 앙트완 카밀레리Antoine Camilleri 몬시뇰(차관), 폴 갈라거Paul R. Gallagher 대주교(장관)는 업무 파트너였다. 인류복음화성(현 복음화부)의 지안니 황Gianni Huang 신부, 로코 황 쉐퉁Rocco Huang Xuetung 신부, 한현택 몬시뇰(2023년 승진 서임), 프로타세 루감브와Protase Rugambwa 대주교(차관), 루이스 안토니오 타그레Luis Antonio Tagle 추기경(장관)은 한국 정부와 한국 교회의 특수성을 가장 잘 알고 있었고 이를 교황청에 적극 반영해주었다. 루이스 M. 로드리고Luis M. Rodrico 몬시뇰(부속실장), 게오르크 겐스바인Georg Gänswein 대주교(비서실장), 에드가르 페냐 파라Edgar Peña Parra 대주교(국무장관), 피에트로 파롤린Pietro Parolin 추기경(국무원장) 등 교황 참모진에 대한 고마움도 빼놓을 수 없다. 바티칸뉴스의 김남균 신부와 주한 교황대사 알프레드 슈에레브Alfred Xuereb 대주교는 한국 교회와 교황청 간의 다리 역할을 잘 해주었다.

교황청 외교단의 칼리스타 깅리치Callista Gingrich 미국 대사와 그의 부군 뉴트 깅리치Newt Gingrich 전 미국 하원의장, 요시오 나카무라中村芳夫 일본 대사와 그의 부인 레이코 나카무라中村玲子 여사, 페트라스 자폴스카스Petras Zapolskas 리투아니아 대사 부부, 스밍 리李世明 대만 대사를 잊을 수 없다.

교황청 산하 국제 자선기관인 산에지디오의 마르코 임팔리아조Marco Impagliazzo 회장, 이탈리아태권도협회FITA의 안젤로 치토Angelo Cito 회장도 한반도 평화 프로세스에 많은 기여를 했다.

　주이탈리아 대사관의 최종현 대사와 후임 권희석 대사는 영사 업무가 없는 주교황청 대사관에 물심양면으로 지원해주었다. 주교황청 대사관의 차석 박수덕 공사(현 주인도네시아 대사관 차석)와 후임 권혁운 공사(현 주세네갈 대사)는 특임대사의 활동에 빈틈이 없도록 보좌해주었다. 남현숙 서기관(재외동포청)도 총무 역할을 충실히 했다. 이탈리아 비서 플라미니아 Flaminia 여사, 곽재은 실무관, 전속요리사 강성자 셰프 등도 손이 되고 발이 되어주었다.

　전직 주교황청 대사인 성염 대사(10대)와 김경석 대사(13대)는 현역 후임 대사(15대)의 성공을 위해 실질적이고 유효한 자문을 해주었다. 이탈리아 교민 가운데 결코 잊을 수 없는 분은 소프라노 조수미 선생님과 최병일 한인회장, 그리고 박상록 평통자문위원이다. 조수미 선생님은 바쁜 일정에도 불구하고 한국 행사에 빠짐없이 참석하여 자리를 빛내주었다.

　이탈리아에서 사도직을 하고 있는 한국 가톨릭 성직자와 수도자들도 많은 도움을 주었다. 정의철 신부(한인신학원장), 이귀순 마리아 고레티 수녀(샬트르 성바오로 수녀회 총원장), 서준석 마오로 수녀(툿찡 포교 베네딕도 수녀회 총원장), 이순규 루치아 수녀(성바오로딸수도회) 등의 기도는 큰 힘이 되었다. 특히 봉쇄수녀원인 성글라라수도원의 베르나르데타 수녀, 엘리사벳 수녀, 마르티나 수녀를 잊을 수 없다. 한반도 평화를 위한 중요한 행사가 있을 때마다 특별기도를 해주었고 문재인 대통령에게 응원 편지도 보내주었다.

한국에서의 지원도 대단했다. 염수정 추기경(서울대교구), 유흥식 추기경(교황청 성직자부 장관), 김희중 대주교(한국천주교주교회의 의장) 등은 주요 고비마다 특별한 기도를 해주셨다. 외교부의 강경화 장관과 청와대의 정의용 국가안보실장의 지원이 없었으면 교황 방북 프로젝트 진행은 불가능했다. 그 어느 누구보다도 깊은 감사의 말을 드려야 할 두 분이 있다. 특임대사의 기회를 준 문재인 대통령과 한국인과 한반도를 지극히 사랑하는 프란치스코 교황이다.

가족의 도움을 빼놓을 수 없다. 인생 동반자로서 내조를 아끼지 않은 박명숙 마리아 님에게 감사의 뜻을 전한다. 박 마리아 님은 바티칸 3년 내내 가장 가까이서 나의 부족함을 보완해주고 어려움에 봉착했을 때마다 큰 용기를 주었다. 서울에서 바티칸 3년의 기록을 집필하는 동안 큰 힘이 되어준 에너자이저는 세 손주다. 이종원 라파엘, 최이안 클라라, 이지원 미카엘! 세 명의 나이를 모두 합쳐도 여섯 살이 안 되는 아기들이다. 언제 봐도 귀여운 세 손주의 재롱이 없었더라면

100년 만의 찜통더위 속에서 자료를 정리하고 원고를 쓸 엄두를 내지 못했을 것이다. 손주 또래의 모든 아기들이 평화로운 한반도를 기반으로 세계 무대를 마당 삼아 건강하고 행복하게 살기를 기도한다. 나의 보물, 세 손주에게 졸저를 헌정한다.

나는 갈 것이다,
소노 디스포니빌레
프란치스코 교황 방북 프로젝트

초판 1쇄 2025년 4월 10일 발행

지은이 이백만
펴낸이 김현종
출판본부장 배소라 **책임편집** 이솔림 **편집** 최세정 진용주
디자인 푸른나무디자인 **마케팅** 안형태 김예리 김인영
미디어·경영지원본부 신혜선 백범선 문상철 신잉걸

펴낸곳 (주)메디치미디어
출판등록 2008년 8월 20일 제300-2008-76호
주소 서울특별시 중구 중림로7길 4
전화 02-735-3308 **팩스** 02-735-3309
이메일 medici@medicimedia.co.kr **홈페이지** medicimedia.co.kr
페이스북 medicimedia **인스타그램** medicimedia
유튜브 www.youtube.com/@medici_media

ⓒ 이백만, 2025
ISBN 979-11-5706-426-7 (03340)

이 책에 실린 글과 이미지의 무단 전재·복제를 금합니다.
이 책 내용의 전부 또는 일부를 재사용하려면
반드시 출판사의 동의를 받아야 합니다.
파본은 구입처에서 교환해 드립니다.